私は戦争のない世界を望む

Arno Gruen Ich will eine Welt ohne Kriege

アルノ・グリューン［著］
村椿嘉信、松田眞理子［共訳］

YOBEL,Inc.

ICH WILL EINE WELT OHNE KRIEGE
by Arno Gruen

Japanese translation by
Yoshinobu Muratsubaki & Mariko Matsuda
YOBEL
Tokyo, Japan. 2013

まえがき

この書物は、若い人〈若いと思う人〉に向けて書いたものである。若い人は、年配の人よりしっかり、自分たちを取り巻く現実を独自の視点でとらえていると思うからである。残念なことに、私たちはこの社会の中で年齢を重ねるにつれ、常識的な考えに次第に染まっていき、「もっとも優秀な人が勝利を得る」、「失敗するのは本人のせいである」、「人間とはそもそも邪悪である」と言うようになる。なぜなら私たちは、自分とは異質なものすべてに不安を抱き、常識的な考えに順応してしまうからである。ところが若者は、違った見方をする。私は若者に近づき、彼らの真理追究を応援したい。もちろん私は、若い考えを持ち続ける人、世界に対して独自の視点を持つ人、若者のように生き生きと、熱意を持ってよりよい人生を追い求める人にも、この書物で語りかけたいと願う。この書物のすべての読者に、人間の中にある良心や創造性を想い起こす勇気を与えることができればさいわいである。

『私は戦争のない世界を望む』というタイトルは、私を感激させたある若者のグループとの出会いに基づいている。二〇〇五年のシュトゥットガルトでの講演の後、彼らは、『クリティカルマス』[*1]という冊子のために、私にインタビューを求めた。彼らは、「一人ひとりに多様な生き方ができ、その多様性を持ち続けることが可能な世界を実現するために、何ができるか」を知ろうとしていた。彼らは、はばかることなく、真実を探ろうとして、私に質問してきた。彼らは何ごとにも動ぜず、平和に満ちた世界を望んでいた。そして私たちは、そのような世界を可能にする基本原理は、「腹」から来る、つまり「心」や「共感」によって可能である、ということで意見が一致した。

もちろんこの書物は「戦争」だけでなく、あらゆる種類の「暴力」についても扱っている。しかしながら、「戦争」は、道徳的な正義の名のもとに行われるので、暴力の中でもっとも危険である。国々は常に戦争を繰り返し、死をもたらす行動を「神聖な使命」に置き換えようとしている。若者はしばしば、そこに潜む矛盾を、彼らの両親よりはっきり認識することができる。私は、私の娘たちが学校に通っていたころ、戦争を想定して学校で避難訓練を行うように要求した大人の世界に、「なんてバカげたことをするの！」と激しく怒ったことを想い起こす。彼女たちにとって戦争は、どのような理由があれ正当化できないし、許されるべきものではなかった。

このようなわけで、私はこの書物を、若者と、いまだに子どものように人類に望みを抱く大人に捧げる。

この書物のアイディアとインスピレーションは、妻のシモーヌから得た。批判的に原稿を読んでくれたのは、娘のゾーイである。この原稿は、思いやりのある仕事ぶりで本の形にしてくれたモニカ・シッファーとともに書いたものである。

＊1　クリティカル・マス　「クリティカル・マス運動」は、一九九二年にサンフランシスコで、自転車利用者が週末にいっしょに走り、「自転車に優しいまちづくり」をアピールしたことに始まり、各国に広がった。ドイツやスイスでは、環境保護、反原発、反戦平和、反グローバル化の運動などと結びつき、各地でさまざまな企画が為されている。「クリティカル・マス」とは、原子物理学においては「臨界量」と訳され、あるレベルを超えると普及が加速するという現象、あるいはそのレベルを指す。現在、欧米では、「何らかの社会変革を実現するために必要な最小限の人数」の意味で使用されることが多い。

目次

凡例

◎本書の底本は、Arno Gruen, "Ich will eine Welt ohne Kriege", Klett-Cotta : Stuttgart 2006 である。同書は、二〇一〇年に第三刷が発行されているが、内容にはまったく変更がない。

◎本文中の＊を着けた数字は、訳注の番号で、各章の末尾に、注を記した。例：＊1

なお、それ以外の（ ）内の数字は、原注の番号で、本書の末尾に、原著どおりの注を記した。例：(1)

◎本文中の人名のあとの〔 〕で囲んだ部分は、その人物についての簡単な紹介を、翻訳の際に付け加えたものである。例：ヘンリー・ミラー〔一八九一―一九八〇。米国の作家〕

◎本文中の右記以外の〔 〕で囲んだ部分は、翻訳の際に補った言葉である。

◎本文中の「 」は、明らかな引用文や会話の文章を除いて、日本語を読みやすくするために、翻訳の際に付け加えたものである。その中には、グリューン自身が文章を明確にするために付けたものもある。いずれも文章を読みやすくするためのものであることから、それらを区別することはしなかった。

◎本文中の（ ）で囲んだ部分は、グリューン自身が言葉を補って付け加えた部分である。

例：14ページの（このことについては、改めて言及する）等

◎グリューンはさまざまな著者の作品から引用しており、その出典は原注に明記されているが、その多くは、一字一句、原文どおりに引用しているのではない。

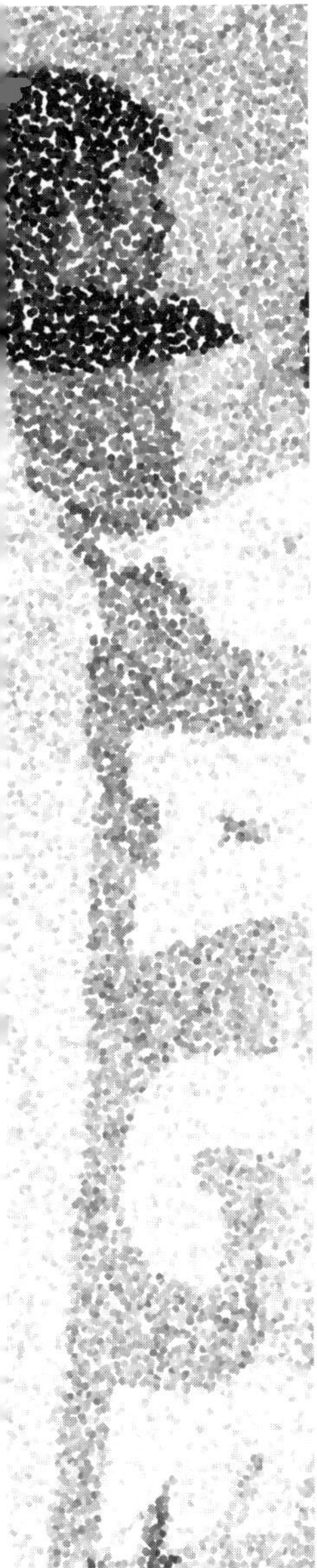

私は戦争のない世界を望む

夢を見ることは生きることである

戦争のない世界を子どもが願っても、大人はそれを幼い考えだと見なし、相手にしない。平和のために青年がデモ行進をする場合も同様である。しかしこのような願いの何が、子どもじみているのだろうか。何が、暴力のない世界を思い描くことを、笑わせるのだろうか。なぜ、愛で結びつく人間の共生が、純粋で非現実的な夢物語として笑いものにされるのだろうか。

戦争は避けられないものとして受け入れることが、大人の考えであり、現実的だとされる。「大人」は暴力を「自然の法則だ」ととらえている。また「そもそも人間は悪である」と言われている。現実主義者と自称する人は次のように言う。「人生は業績のために費やすものである」、「私たちは、常に主張をしなければならない」、「何かを手に入れたければ、勝ち取らなければならない」、「この世は悪に満ちている」……。だがこれらの石に刻まれたような文章や、間違った真理を告げる言葉は、他の可能性や、よりよい世界をもはや信じられなくなった人間の主張にすぎない。

「おそらく私たちには、夢を見ることが欠けている。私たちはしかも、自分自身の中に『夢見る人』『感激家』『孤独な者』『世捨て人』『真の反逆者』という面が欠けていることを知ろうともしない」と、ヘンリー・ミラー(1)〔一八九一―一九八〇。米国の作家〕は約六十年前に書いた。夢は、政治的な既成の理念を打ち砕くに違いない。だから、現実主義者であると考える人にとっては、夢を見ることほど恐ろしいものはない。

かつてある患者が私にこう語った。彼女が、五、六歳の頃、雪に覆われた美しい樹木を庭で見ていた時のことだった。後ろから近づいてきた母親に、突然、えり首を手のひらでたたかれ、「夢を見るのをやめなさい！」とどなりつけられた。この記憶はとても強烈で、彼女にとって、今でもありありと思い浮かぶものだったので、「先生も夢を見ることがあるのですか」と私に尋ねるほどだった。

「夢を見るのをやめなさい！」とは、大人が自分と子どもを区別する典型的な「強制の言葉」の一つである。夢を見ることは、多くの大人たちを不安にする。なぜなら夢を見ることは「日常生活の制約」から、つまり「余計なことを考えず、疑わしく不確実に見えるものから自分を守るための思考方法」から、自由になることを意味するからである。多くの大人は、「偽りの真理」を防壁にして、自分を閉じ込めている。この防壁は彼らに、「自分たちは予期しないできごとから守られている」とか、「自分の人生を、思い通りに操ることができる」という思いを抱かせる。しかし予期しないできごとのない人生とは、何なのか。「自発性や好奇心」「人間の共生」「新しいもの、異質なもの、未知なものに対する喜び」と、「安全」とは正反対のものではないか。安全を求めることによって、私たちは生命のすべてを死に至らせてしまう。それに対して、夢を見ることは生きることを意味する。夢は、無知の壁を破り、人生の中で可能なすべてのことに目を開かせる。

アメリカの先住民は、このことを理解していた。[2] そのため、物質的に困難で不安定であっても、満ち足りた生活を送っていた。彼らの知恵は、この不安定さを決して捨てようとしなかった。私たちが今日、さまざまな分野ですでに失ってしまった多くのものを、持ち続けていた。つまり不確かな状況の中にあっても平静であり、孤立無援な状態の中でも不安にならなかった。なぜなら彼らの強さは、傷つかないことにではなく、悲しみや苦しみを、人生の当然の要素として受け入れることに根ざしていたからである（このことについては、改めて言及する）。今もなお、夢を見ることのできる若者は、そのような可能性を持っている。現実に順応するという理由で夢を見ることをやめるなら、その損失は、後になって必ず表面化するであろう。

パスカル・メルシエ〔一九四四―。スイス生まれの哲学者、作家〕は『リスボンへの夜行列車』という小説の中で、若者について、「この子たち〔＝高等学校（ギムナジウム）の生徒〕の前には、まだどれほどの人生が待っていることか。この子たちの未来はどれほど開かれていることか。この子たちには、これからまだどれほど多くのことが起こり得るのか。彼らがこれからどれほどのことを体験できるのか」(3)と書いている。*2

親は、そしてまた一般の社会人は、未来に可能性を持つ子どもに対して三つの選択肢がある。

(1)「子ども自身が持つ可能性」を大切にし、子どもがこの可能性をできるだけ伸ばせるように「促す」か。

(2)それとも、「良き親としての自分の考え」が正しいことを実証するために子どもを「利用」するか。

(3)それとも、自分が生き生きと生きることが許されなかったために、子どもたちが生き生きと生きることをうらやみ、それをよくないことだと止めさせようとして、子どもたちの生を「抑圧」するか。

この三つである。それゆえ、この書物でこの問題を扱いながら、ここに書いたことが、世界平和への私たちの願いと、どのように結びつくのかを明らかにしたい。

＊2　パスカル・メルシエの引用文　浅井晶子訳『リスボンへの夜行列車』（二〇一二年、早川書房）の一八ページを参照のこと。この小説の主人公である、五十七歳の古典文献学の教師グレゴリウスは、謎めいたポルトガルの女性に出会った直後、自分の教え子である高等学校（ギムナジウム）の生徒を目にしながら、新しい可能性を求めて、リスボンに行くことを決意する。

戦争を引き起こすのは人間である

戦争と、戦争の原因は、通常、政治的、経済的、イデオロギー的な視点から考察される。しかし戦争は、人間の問題にほかならない。戦争を引き起こし、他者を殺すのは、常に「人間」である。人を殺害するように仕向けるのも、ある人たちが殺されることを許すのも人間である。何が人間を、他者に暴力を行使するようにかりたてるのか。何が、兵士たちを無意味な命令に従わせるのか。何が、政治家に何千もの人を死に追いやらせるのか。何が、そのことによって政治家自身に、また人々に、「よいことをしている」と思わせるのか。そして何が、自分こそ自由で民主的だと思っている一般市民を、政治家に服従させ、残忍な野心家にすぎない政治家を「救済者」そして「強い人間」として崇拝させるのか。私の疑問は、私たち人間をお互いに結びつける力、つまり殺人を阻止する装置として私たちすべての者に与えられている「共感」が、なぜそこで作用しないかということである。

私自身は、国家社会主義と、第二次世界大戦の影響下に育った一人である。私は両親とともに、一九三六年、ドイツから、ポーランドおよびデンマークを経て米国に逃亡した。そこは、何千もの人と同様に私の家族にも、新しい始まりを提供した自由の国であった。私は四十年以上、アメリカに住んだ。何年かたち、アメリカが国内で人権を制限し始めた時、また国外で戦争するために帝国主義的に歩み始めた時、私は今まで以上に驚いた。私にとっては過去の繰り返しとしか思えない多くの恐ろしいできごとが、再び始まったからである。詩人のハンス・クリーガー〔一九三三―。ドイツのジャーナリスト、詩人〕の書いていること[4]は正しいと思った。

間違いだらけ
私たちは何年も前から、それを知っていた
希望を持っていたが、それでも誤り続けた
古い世界よりもっと間違いだらけ
新しい世界も間違いだらけ
暗黒の世界も

暗黒ではない世界も
ヨーロッパの泥沼からやってきた
近代的な支柱も……

やがて新しい世界が来るという
夢のほかに
チューインガムのほかに、何も残っていない
鳥かごのような収容所だけ
先制攻撃の戦術だけ
善良な意志のふりをしている
もっとも残忍な心
血まみれの良心が
心に脈打つだけで
希望が満ちることはない。*3

人々は、「あらゆる民族を民主化する」という口実のもとに作られた政策を、熱狂的に支持する。国家が強力で傷つかないものであると誇示する、壮大なデモンストレーションとしての戦争は、人々の劣等意識を覆い隠し、自分自身の内面から生み出されるのではない虚偽の力を与える。現在、世界で何が起こっているのかと考えるとき、私は、アイルランドの詩人ウィリアム・バトラー・イェイツ〔一八六五―一九三九。詩人、劇作家。ノーベル文学賞受賞〕によって、第一次世界大戦の直後に書かれた「第二の到来[5]」という終末論的な詩を思い出す。

すべてがばらばらで、中心軸はもはや存在しない
危うい無秩序が世界に蔓延している
血で濁った洪水があらゆるところにおし寄せ
正しく厳粛な習慣は水没し
最良の人たちから信頼する力が欠け
最悪の人々が犠牲心に燃えた情熱で満たされる[*4]

戦争は、積極的であれ、受動的に我慢する形であれ、最終的に人々の合意を前提にして可能

になる。もちろん、殺害や破壊への関与の仕方については、それぞれの人間に違いがある。それにもかかわらず、彼らのすべてに共通するものがあることを、私は指摘したい。それは、幼少期に抑圧された苦しみを、彼らが拒否している点である。この抑圧は、「共感によって真実を受け入れることができる」ということと密接に関係しており、それについてはさらに後で述べる。抑圧された結果もたらされた苦しみは、生き延びるためには経験から消し去らなければならない。それがこの書物の中心的なメッセージであり、それを私はこれから説明し、展開するつもりである。なぜならそれこそが最終的に、「世界を平和にするために私たち一人ひとりに何ができるか」という問いに、答えを導き出すからである。

＊3　ハンス・クリーガーの詩　この詩は、二〇〇一年九月一一日にニューヨークで起きた同時多発テロ以後の状況の中で、米国のヴァージニアで書かれ、二〇〇五年にドイツで出版された『フェンス（で囲まれたか）のような自由』に収録されている。

＊4　ウィリアム・バトラー・イェイツの詩　「第二の到来」とは、もともとキリスト教用語で、「キリストの再臨」を意味するが、ここでは「終末（＝世の終わり）」を示唆している。原文は、高松雄一編『対訳イェイツ詩集』（岩波文庫、二〇〇九年）の一四八ページを参照のこと。ここでは、グリューンが引用した意図を踏まえ、ドイツ語から翻訳した。

〈ヒトラー〉は再び登場するか

講演会で、私はよく、「ヒトラー〔一八八九―一九四五。反ユダヤ主義を掲げ、ドイツを戦争に導いた独裁者〕のような人物が、今日においても登場すると思いますか」という質問を受ける。その際、「ヒトラーのような人物を生じさせる相互的な動きは、常に存在する」と私は答える。つまり、毅然とし「男性的な」力を体現する人物と、その人物に従う名誉欲の強い人間が、「相互に働きかける動き」のことである。それが「相互的」であるのは、権力者の男性的なふるまいによって、名誉欲の強い人間が、すぐに多くの業績をあげることができるかもしれない、と思うようになるからである。権力者は、男性的な外見を演じているだけなのだが、その力によって救われたいと望む人が、この「相互的な動き」に参加するのである。

ハインリヒ・ブレローア〔一九四二―。ドイツの作家、映画監督〕は、『シュペーアと彼[6]』というテレビ・ドラマの中で、アドルフ・ヒトラーと、彼のお気に入りの建築家で、後に軍需大臣を務めたアルベルト・シュペーア〔一九〇五―一九八一。ヒトラー政権下で建築家として首都ベルリンの大改造計画に関わり、軍需大臣も務めた〕を、今日の、スポーツ界の「強化チーム」のメンバーとして描いた。その当時のナチスは[*5] ―― 私たちは決して忘れるべきではない ―― 今日であれば「ヒップ」とか「トレンディ」と呼べるかもしれない。彼らの制服は「クール」だった。またライフスタイルも、当時の人々にとってまさに望ましいものだった。彼らがたとえ内面的に小心で俗物根性の持ち主であったとしても、外見的には現代的で、世界をまたにかけ、進歩的だという印象を与えた。彼らの偉大なイメージは、彼らの行動が、殺人まで引き起こすものであることを見誤らせた。

　これらの人々の内面の核となるものは、常に「男らしさの神話」だった。その「男らしさ」は、「強いこと、断固としていること、不屈であること、英雄的行為をすること」であり、どれも偏見にとらわれたものだった。それは、もちろんほんとうの人間的な強さではない。「真の強さ」とは、他者との間で生じる苦しみに向き合い、苦しみと関わることによって成長する内面的な強さである。それに対して、「男らしさの神話」における「強さ」は、まったく真実でなく、「あたかもそうであるかのようにふるまう」見せかけにすぎない。ヒトラーは、ナチスの階級組織に関わる多くの人と同様、ほんとうは弱い人間であるが、強さを完璧に体現して見せた。彼の個人的な医師テオドール・モレル〔一八八六―一九四八。ドイツの医師。一九三六年以降、ヒトラーの主治医〕は『シュピーゲル』誌[7]でのインタビューで、ヒトラーもまた薬物中毒者であったと述べた。

ヒトラーは、苦しみと絶望に耐えることができなかった。彼が優れた体格や不老不死を追求したのは、苦しみと向き合うためでなく、苦しみから逃れるためであった。ヒトラーの「同調者」も同じことを望み、強くなれると約束され、苦しみや不安から自分を救い出すことができると信じた。この苦しみや不安は、幼少時代に、自分の存在そのものを否定する両親からの指図を進んで受け入れるという、「自己への裏切り」に起源がある。

これらの人々は、見せかけをよくすることで、自分の影の部分と向き合わずにすんだのである。このすり替えは今日も起こっているが、様相は異なる。ドイツの作家カール・アメリー〔一九二二―二〇〇五。ドイツの作家、環境保護活動家〕は、ヒトラーがまさに「二十一世紀の人間の先駆者」だと指摘している[8]。ヒトラーのような人間は、壮大な舞台装置を用いて人々の目をくらませる。その際、彼らはしばしば、見せかけによって、「自分たちは、人間的で、思いやりがあり、社会に貢献している」と印象づける。ヒトラーは、ニュールンベルクで開かれたナチス党大会を、宗教的な神聖な儀式として演出する方法を知っていた。私たちもまたマスメディアによって伝えられるイベントによって、さまざまな影響を受けている。ほとんどすべての政治家は、今日、宣伝担当のコンサルタントによって、細部まで定められた役を演じるだけの俳優にすぎない。米国の大統領ジョージ・W・ブッシュ〔一九四六―。米国第四十三代大統領〕の登場は、劇場国家で、最高の宗教的儀式にまで高められた。それは、ブッシュの信奉者が期待する「偉大さや高貴さ」に合致し、それぞれの人に困窮から逃れる道を約束するものだった。

ナチス時代には、自分自身の存在や苦しみと向き合わず、他者の痛みに共感しない多くの人々の具体的な例をあげることができる。しかし私たちの時代もまた、このようなタイプの人間に溢れている。私たちはそのことに、なかなか気づかないかもしれない。しかし、ハードロックをガンガン響かせ、戦闘用ブーツを履いて通りを闊歩する新右翼ばかりでなく、政治や経済の分野で認められ、マスコミに登場する「若きエリート」の代表的な人物の中にも、自分自身や他者への感情を失った人間に私たちは出会う。彼らは、ヒトラー親衛隊であった若い支持者たちと、多くの共通性がある。横柄で、ご都合主義で、のらりくらりとした態度で、上に立つという目標だけを追求する。そのためなら、ほとんど手段を選ばない。そして競争に取り残された「敗者」に対しては、軽蔑しか抱かない。

＊5　ナチス　国家社会主義ドイツ労働者党の略称。一九三三年にアドルフ・ヒトラー〔一八八九―一九四五〕を党首

として政権を掌握し、その後、全体主義体制の独裁政治を行った。反民主主義、反共産主義、反ユダヤ主義を掲げ、大国主義を目ざして、一九三九年にポーランドに侵攻し、第二次世界大戦をひき起こした。障害者等の安楽死、ユダヤ人大虐殺を行ったが、一九四五年に敗戦し、崩壊した。

権力に身を委ねた人たち（今日の例）

カール・クリスチャン・ローヴ(9)〔一九五〇―。米国の政治コンサルタント。ブッシュ政権では、次席補佐官、大統領政策・戦略担当上級顧問〕は、アメリカ合衆国大統領の政策担当上級顧問であった。彼は、一九五〇年、コロラド州のデンバーで生まれた。母親は贈答品店の店長で、父親は地質学者だった。父親は石油会社に就職し、家にはめったに戻らなかった。ローヴが十九歳の時、両親は離婚した。後になってローヴは、父親と血のつながっていないことを知った。彼が三十歳の時、母親は自殺した。ローヴはこの間、共和党の政治活動家として頭角を現した。スマートな若者であったローヴは、すでに高校時代に、自分には異常なほどの政治的な野心があることに気づいた。彼は支持する政党のために、何のためらいもなく嘘をつき騙した。たとえば、ライバル候補の事務所から便箋を盗み、それを利用して相手を中傷するビラを作成した。二十二歳の頃、若い共和党候補者にきたない手口を吹き込むために全国を回ったが、その時、初めてＦＢＩやマスコミに目をつけられた。彼自身も、保守的な学生組織〔共和党全国学生委員会〕の執行部長に立候補し、対立候補者をきたない手口で追い落とした。その頃、やがて合衆国の大統領となる父親のジョージ・H・W・ブッシュ〔一九二四―。米国第四十一代大統領〕がこの若者に注目した。権力へ向かう鉄の意志と、意志の貫徹のためには何をも躊躇しないロープの態度に、父親のブッシュは深い感銘を受け、彼を雇った。

それ以後、カール・ローヴは、父ジョージ・H・W・ブッシュ〔一九八九―九三年に大統領在任〕とその息子ジョージ・W・ブッシュ〔二〇〇一―〇九年に大統領在任〕と結びつき、急激に出世の階段を昇っていった。彼は、政治顧問や選挙対策マネージャーとして、二人のブッシュ大統領を支援した。あるときは要塞破壊兵器となって、あるときは戦略上の頭脳となって、息子のブッシュを二度も大統領に当選させた。ローヴという策略マニアの特徴は、良心のとがめなく中傷的なうわさを広め、敵対者を人格的に破滅させる点にあった。そのような彼は、しばしば精神的な不安定に陥った。息子のジョージ・W・ブッシュの対立候補者であったジョン・ケリー〔一九四三―。二〇〇四年の大統領選挙でブッシュに敗北〕は、ブッシュ再選を阻止しようと大統領選に臨んだが、「ケリーは臆病者だ」というデマを流され、ローヴの犠牲になった。またバグダットでイラク大使代理を務めたことがあり、ワシントンのイラク問題の政策担当者だったジョセフ・チャールズ・ウィルソン〔一九四九―。米国の中東アフリカ問題の専門家〕は、イランがウラン取り引きに応じたという疑惑に関するホワイトハウスの虚偽を暴こうとした際、妻の個人情報が流されるという信じられない嫌がらせを受けた。

ヒトラーの時代と同様、このような人たちこそが、権力に身を委ねている人たちである。彼らは、共感する心、恥じる心のない人たちである。彼らが成功したのは、そもそも共感する心のない指導者――この場合は、ブッシュ親子――の援助や保護があったからである。二〇〇五年九月に発生したカテリーナ台風は、ニューオリンズとその周辺に破滅的な荒廃を引き起こしたが、その時の合衆国大統領ジョージ・W・ブッシュは、被災状況をすでに把握していたものの、大統領として二日間の年次休暇を取っていた。彼が個人的に被災地を訪問したのは、その地域が彼のために後片づけや清掃を終えてからであった[10]。ブッシュは、常に外見と舞台装置を気にした。すべては秩序どおりに行われるべきだった。さらに付け加えるなら、大きな災害のあとブッシュが真っ先に行った政策の一つは、犠牲者のためではなく、石油産業のためだった。彼は製油所の利益を優先させ、大気汚染防止法で定められていた規制を緩和したが[11]、復興のための国民連帯基金の創設には賛同しなかった。

カール・アメリーがヒトラーを私たちの時代の「先駆者」として描いたのは、今日、理想とされる人間は非人間的であり、業績や見せかけだけで偉大さが計られていることを、警告するためだった。その際、「株の投資家あるいはメディア関連の知的労働者が、ポルシェ社製の自分の高級スポーツカーのバンパーに、『あなたがたの貧困が私を怒らせる』[*6]というステッカーを貼るようになる[(12)]」。ヒトラーだけでなく、アルベルト・シュペーアも、このような一人だった。彼もまた今日で言えば、「成功したマネージャー」のような「先駆者」の一人だった。彼は、知的で愛想が良く、感情豊かでごく普通に見えた。時代の動きを天才的に察知し、それを利用することに習熟していた。他者からは、優雅で魅力的だと評価されていた。彼は偏見がなく、非常に高い目標を持っているようだった。しかし一言で言えば、見せかけの輝かしい態度をする技法を身につけているだけで、実際は非人間的であり、独自のアイデンティティーは持っていなかった。このような人間は、幼少期に、他者を操作することを学んでいる。彼は信頼を抱かせる完璧な技術を学んできた俳優であった。すなわち、期待されている感情を正確に見分け、それを落ち度なく、大げさな身振りで演じる方法を知っていた。彼らは、ほんとうは無感情であり、内的に空虚で心が麻痺している。彼らがもし実際に感情を持って生きようとするなら、たくさんの矛盾に悩むだろうが、そのようなことはない。

アルベルト・シュペーアは、どのような感情を演じるべきかをよく知っていた。彼は、当時の一般大衆だけでなく、私たち現代人に至るまで、ほんとうの姿を見せずに欺き、感情豊かな人間であると確信させた。もし彼が実際に何かを感じ、他者の苦しみの真実を受け入れられたなら、罪を犯すことはなかったはずである。だが彼の人生においては、名誉と成功をめざすことだけが重要であった。

新しいヒトラーの登場を防ぐためには、自分自身をよく見つめ、見せかけの態度に執着していないかを考える必要がある。私たちもまた、権力や立派な業績、天才的な能力や優れた才能、完全な美などの、偉大な魅力を求めているのではないだろうか。私たちが外的な華やかさや魅力で自分自身を欺き、見せかけの偉大さを求める限り、また「男性的」な強さによって、自分の感情や真実を受け入れることを拒否する限り、私たちも巧みに操作される人間になってしまうだろう。世界を暴力やテロから救うことができるのは、道徳的な表明や政治的な信条ではない。「他者」と共感すること、つまり「侮辱や屈辱や暴力の経験からくる他者の苦しみ」に共感することだけが、独裁者の登場と戦争の勃発を、防ぐことができるのである。そして私たちが他者の苦しみに共感できるようになるのは、自分自身の苦しみを見い出し、それに理解を示すときだけである。

＊6　あなたがたの貧困が私を怒らせる（うんざりさせる）　ドイツでは、一九九〇年代以降、国内の貧困層の問題がたびたびテーマにとりあげられるようになったが、その当時から社会を風刺する言葉として、

この言いまわしが用いられるようになった。差別的な意味で用いられることもあるが、たとえば大学生の間で、仲間が底の破れた靴を履いているときなどに、相手をからかう言葉として用いられることもある。私見にすぎないが、この言葉の特徴は以下の点にあると思われる。この言い回しは、(1)「経済的に貧しい人たち」への怒りを表明しているのではなく、「貧困」への怒りを表明している、(2)従来、「貧しい人たち」が「(ポルシェのスポーツカーに乗るような)裕福な人たち」に怒りを感じることがあっても、「裕福な人たち」は「貧しい人たち」に対して無関心であったが、今や、自分の目の前にいる人たちの「貧困」が、「私」にとって無視することのできない問題となっていることを表明しようとしている。しかしこのような言い回しが、経済的格差を前提に使われていることは否定できない。むしろ「私の〔精神的な意味での〕貧困が私を怒らせる」と表明すべきだとの声もあがっている。

夢を失った私たち

私の少年から成人への成長期は、ナチスの全体主義の影響下にあった。その当時、私は、迫害や政治的な弾圧に抵抗して積極的に活動した。それゆえ米軍に参加して、ヒトラーからのヨーロッパ解放に貢献できる「私の時」が来た時には、とても喜んだ。今日の若者は、一般的には政治に無関心であり、従順である。これにはさまざまな理由が考えられる。しかし私は、出会った若者の多くが、正義について深い感覚を持っていることに気づいている。彼らは、恵まれない友人の問題に積極的に関わり、平和問題に大きな関心を示す。私は、彼らの連帯感と人間性に、期待し希望を抱いている。

ところで若者に、「あなたはどんな夢を持っていますか」と尋ねると、しばしば控えめな答えが返ってくる。ブランドのジーンズや高価な時計が、小さな夢として「欲しい物リスト」に載る。若い女の子は、モデルやポップスターになりたいと願い、若い男の子は金持ちになって有名になりたいという夢を抱いている。若者たちがこのような希望しか持っていないということは、ヘンリー・ミラーが若者について述べたことと[13]、少なからず一致する。有名なデザイナーのブランド品を持ちたいとか、人から称賛されたいという夢は、障害物を乗り越え、流れに逆らって新しい未来を切り開こうという思いを遠ざける。それどころか、このような夢は、私にとっては驚くことだが、「間違った現実主義者」が抱く期待に一致する。たとえば未来にポルシェの車を持ち、カリブに家を持ちたいと夢見る思春期の息子に、父親はどのようなアドバイスをするだろうか。「よい大学に入学しなさい。言われたとおりのことをしなさい。出世できるようにがんばりなさい。そうすればお前の夢はすべてかなえられるだろう!」と言うはずである。

このようにして私たちは、業績をあげ利益を追求することが、もっとも好ましいという「偽りの教え」に支配される。それは、「正しいこと」をがんばって行えば、何ごとも達成できるという教えである。あるいは逆に、業績をあげる者に「ご褒美」を与え、人々の願望をかなえる世界こそ、「正しい世界」であるという教えである。それに対して、貧しく、求めようとしない人は、多くの報酬を得ることができない。このような「満腹している人の傲慢さ[14]」、つまり間違った現実主義者の傲慢さは、貧困層と富裕層の格差がますます広がるという、グローバル化しつつある私たちの世界の「現実」と向き合うことができない。資本市場において何億円にものぼる利益が取り引きされている間に、五秒毎に一人の割合で、栄養不良の子どものいのちが失われていく。皮膚の色、生まれた場所、性別などによってほとんどの人間が運命づけられ、それぞれにふさわしい人生への希望を持つことが、ほとんどできない。政治家や経済学者は、グローバル化がこの問題への万能薬であると売り込んでいる。私はここで、「もう一つのノーベル賞」[*7]の受賞者であり、グローバル化に明確に反対しているエドワード・ゴールドスミス〔一九二八―二〇〇九。ユダヤ系ドイツ人の父とフランス人の母のもとに誕生。ドイツその他で活動した作家、哲学者、環境問題活動家〕の言葉を引用したい。彼は、グローバル化を推進する人たちの言い分について、「裕福な国々の独占企業体によって、貧しい国々や貧しい人々が支配される新しい植民地主義である」[15]と批判している。グローバル化によって、自由貿易を行う資本家だけが利益を得るというのが真実である。新しい経済秩序によって不正と不平等は、より深刻化するであろう。日常的な暴力やテロの陰謀、戦争による脅威が、さらに増加するであろう。それにもかかわらず、その真相に目を閉ざすことなくグローバル化を批判しようとする人たちは、世界の現実を知らない理想主義者として軽蔑される。

　不正に対する怒りや抗議は、流行遅れのものになりつつある。世界がより良くなり、生きやすくなるという夢が、成功や、所有という夢に置き換えられてしまった。もし私たちが「業績」「強さ」「成功」という偏った方向に誘導されるなら、私たちの現実の人生から、常に真実で生き生きとした歩みを排除することになる。それは、よりよい世界を求める私たちの希望を打ち砕く。しかも、「ねじ曲げられた現実の観念の信奉者が、私たちに信じ込ませようとする幻想」を自分のものにしようとしない私たちは、軽蔑されてしまう。

　これらの関連で、私はさらに詳しく述べたい。

＊7　もう一つのノーベル賞　ノーベル賞には、「物理学」「化学」「生理学・医学」「文学」「平和」「経済学」の六つの部門があるが、環境問題、人権問題、女性問題など、欠けている部門がある。そこで、それらの分野で功績のあった人を表彰しようとする試みが、さまざまな民間団体によってなされている。たとえば女性の平和活動家に賞を与える「もう一つのノーベル平和賞」（『もう一つのノーベル平和賞――平和を紡ぐ一〇〇〇人の女性たち』、金曜日、二〇〇八年を参照のこと）なども ある。この書物で言及されている「もう一つのノーベル賞」は、一九八〇年にスウェーデンで創設されたもので、正式な名称は「ライト・ライブリフッド賞」と呼ばれるものである。主に環境保護、人権問題、持続可能な開発、健康、平和などの分野にて活躍した人物、団体に授与される。エドワード・ゴールドスミスは一九九一年に受賞した（Geseko von Lüpke: Die Alternative. Wege und Weltbild des Alternativen Nobelpreises. Riemann: München 2009）。

〈深い結びつき〉を求めて

ほんとうの夢は、私たちの内面から湧き出てくる。ほんとうの夢は、「私たちの人間性の核である感情の世界」、つまり「私たちがまだ生まれていない時、あるいは母親と一体であった時の、私たちの生命の原初の経験を基盤にする感情の世界」から生み出される。その時点の母親との結びつきは絶対的で、一致状態であった。母親と一体化していた時は、ほとんどの場合、苦しみも、孤独や分離の不安もまったくなかった。私たちは一生、根源的には、このような状態に戻りたいとあこがれている。つまり私たちは、かつて経験し、その後、失ってしまった調和を取り戻したいと望んでいるのである。この壮大でロマンティックな愛の夢は、しばしば、人類との融合を求め、深い結びつきを捜し求める表現となる。ここにこそ、愛に満ちた、紛争のない世界をあこがれる根拠がある。

乳児は突然、母親から離され、くつろいだ気分から離されると、大声をあげて泣く。セーレン・キルケゴール〔一八一三—五五。デンマークの哲学者。実存主義の創始者〕は、「私たちは孤独を経験する瞬間、同時に一人では存在し得ないと感じる」[16]と述べているが、まさに「この瞬間」に、あこがれが始まる。私たちは愛に満たされることを望み、穏やかで健やかでいられるように、そばにいてくれる人を捜し求める。やがて思春期を迎えると、自分を孤独から解き放してくれるパートナーの大きな愛を求めて、夢を見るようになる。また多くの人たちは、「よりよい世界を実現したい」、「自然を破壊から守りたい」、「恵まれない人たちを救いたい」、「不正を改めたい」という夢を見るようになる。このような夢は、現実に反抗しつつ成長していく人間の本性の表れであり、変革を望み、人類や地上に生きるすべてのものと真に結びつきたいと願う人間の本性の表れである。

しかしなぜ、私たちはこのような願いをあきらめてしまうのだろうか。なぜ自分の夢を裏切ろうとするのだろうか。この背後には、私たち人間存在の大きな悲劇が隠されている。私たちのすべてが、このことを経験している。それは、私たちがいっしょにいたいと願う相手が自分の近くに来ると、いっしょにいたいという願望がいくら大きくても、しばしば相手と衝突してしまうことである。この矛盾した行動の原因は、私たちの幼少期にある。両親との関係は、私たちの生涯で最初に築かれるものである。多かれ少なかれ、それが私たちの手本となって、他者との結びつきを求める能力、結びつきを作り出す能力、結びつきを保持する能力が形成される。

両親は、子どものこの能力を伸ばすこともできるが、摘んでしまうこともできる。

愛することをどのように学ぶか

両親は、子どもを愛していると言い、私たちはこの愛を、どの子どもでも体験でき、自然に発生するものだと思い込んでいる。母親の愛と父親の愛は、私たちにはごく当たり前で、問題にすべきものとはまるで思わない、だがしかし「両親の愛」は、決して私たちにとって自明でわかりきったものではなく、愛がすべての子どもたちに与えられているとは、とうてい言えないのである。子どもの頃、両親に愛情深く受け入れられなかったため、大人になってもその後遺症に苦しむ患者と、私は毎日のように語り合っている。現在に至るまで私は、彼らにとってこの愛情不足と内面的に対決することが、いかに困難であるかを繰り返し経験してきた。子どもも時代にあからさまに拒絶され、直接的な暴力に悩まされた人たちは、このことに気づくことに長い年月を必要とする。長い年月をかけずに解決した例は一つもない。

両親の愛に疑いを持つことは、私たちの文明の大きなタブーの一つである。しかも子どもにとって、拒絶され無視された事実を受け入れる過程は、極度の苦痛を伴う。私たちは、生まれたばかりの時、両親の愛と保護を頼りに生きている。しっかり支えられているとか、受け入れられているという感覚がない場合、小さな子どもは、耐えられないほどの死の恐怖を味わう。赤ちゃんは、無視され愛のない状況では生きられない。食事や暖かさ、身体的な近さだけでなく、愛と気配りを必要としている。

もし子どもたちが保護されず、情緒的に信頼できる場がなく、両親によって無視されるなら、内面に破壊的な経過をもたらす動きが始まり、彼らのその後の人生のすべてを決定づける。すなわち実際には愛情がないのに愛情があるとか、保護されていると歪曲するようになる。精神的に生き延びることができるように、こうして幻想に生きることが始まる。まさにこの時点で幼い子どもは、両親が自分を拒絶したのと同じように、自分の要求と、ありのままに自分を受け入れることを拒絶する。そして、子どもは自分自身として生きる代わりに、両親の期待に応じた偽りの「自己」として生き始める。この自分自身の否定と自分自身からの離反は、その後の人生と、その後の対人関係を決定づける。

私は、この書物の中で、人間の成長におけるもっとも重要なこの時期のことを、何度も言及することになるだろう。なぜならそれが、私たちが他者と平和に生きるのか、あるいは敵対して生きるのかということを決定する重要な鍵だからである。

パウラとの出会い

私がパウラに最初に出会った時、彼女は十九歳だった。彼女はマドンナのような顔をし、パンクのヘアスタイルをしていた。彼女にとってクールであることは、重要なことだった。彼女は「反逆者」と自称し、ヨーロッパ中のいくつものデモに参加していた。彼女の両親は評判のよい弁護士であり、都会の富裕層に属していた。パウラはしつこく要求するところがあり、私は彼女の中に「怒り」があると感じた。彼女は聡明で、他者に好意を抱かせた。ヒッチハイクをしていた時に、車に乗せてくれたある夫妻は、見知らぬ彼女であるのに、週末のための家[*8]の鍵さえ渡した。しかしながらパウラは、この夫妻について軽蔑的な言葉しか語らなかった。なぜなら、すべては彼女の「策略」であったので、感謝を表す肯定的な感情が湧かなかったからである。

両親はパウラを甘やかし、娘が望むものをいつも与えていた。しかし、自由な贈り物、無条件な贈り物を決して与えなかった。パウラは両親のいわば「看板娘」でなければならなかった。業績と社会的地位を追い求めていた両親は、娘を自慢の種にし、人々に特別によい両親であると思わせようとした。娘が必要としているものや娘への心配りとかは、彼らにとって、どうでもいいことだった。要するに、パウラにとって自分の感情と関わることは、両親といっしょのゲームを演じることであり、そこで「愛」が重視されており、両親の考えが正しいことを証明するために、お互いに「騙し合っているのではない」というふりをすることだった。ここに彼女の深い傷の原因があった。彼女は、彼女自身であるために愛されていたのではなかった。両親は、彼女の「愛」を買うために、また自分たちの「所有物」として、思い通りにするために彼女を甘やかした。

パウラはそれに反抗するために、どんな感情も寄せつけない人間になった。これ以上、誰もパウラを傷つけることができないように、彼女は「傷つかない者」となった。両親の偽りの愛に傷つくことなく生きていくことができるように、彼女は、愛への要求を否定した。このようにして彼女は、偽りの愛から逃れるために、相手に近づいていく能力を失った――これが彼女の「反逆者」としての歩みの原因だった。

パウラだけが唯一の例ではない。自分が「よい親」であると証明するために自分の子どもを必要とし、子どもを悪用する多くの親がいる。子どもは、たとえこの感情を表現することができなくても、はっきりわかっている。子どもはどう対応するのだろうか。彼らは、世界中が自分に敵対していると考えるようになり、自分の足もとにある存在の基盤を自分で取り除いてしまう。もし両親が子どもをこのように利用するなら、子どもたちの存在自体が無視され、抑圧されることになるだろう。

このように、子どもを尊重するのではなく、むしろ悪用する親の「愛」は、他者と愛情深く結びつこうとする子どもの能力を滅ぼす。「愛」は本来、人の近さを表現するものだが、そうではなく、自分の存在を脅かし、不安を与えるものになってしまうのである。

この不安は、複雑な過程の中で、何が問題なのかをわからなくしてしまう。つまりパウラの場合、両親はパウラをほんとうに愛しておらず、ただ愛を「買おう」としているだけだったが、その苦しい認識を避けるために論理を倒錯させた。その結果、何が問題なのかを理解することが、ますます難しくなったのである。両親がパウラをこのように抑圧したことによって、パウラは不安のためにどれほど多くのものを覆い隠してきたことか。そして次第に、両親への要求が大きくなり、パウラはいくら与えられても満足できないという感情を表すようになった。このような仕方で両親と子どもは、ともに終わりのない悪循環の中に巻き込まれていく。つまり、愛を「買う」ことによって成り立つお互いの関係が否定されないように、新しい「ご褒美」を繰り返し手に入れようとする子どもの要求に、ますます両親が従うようになる。そして、お互いに近寄れないという不安が意識にのぼることなく、無意識に生涯にわたって私たちの行動を支配するようになる。

パスカル・メルシエ(17)は、文学的な表現によって、無意識のこの状態を説明している。「私たちが歩んできた何千もの経験の中から、ていねいな作業をすることなく、まったく偶発的に、せいぜいたった一つの言葉が生み出される。無言のあらゆる経験の中にこそ、私たちの生活に形、色、メロディーを与える何かが隠れている。もし私たちが魂の中を探る考古学者としてこれらの宝物に目を向けても、それがいかにもつれ合っているかがわかるだけであろう[*9]」。

＊8　週末の家　ヨーロッパの都市部の集合住宅等に住む比較的裕福な住人は、週末になると、郊外にある菜園付きの小さく簡素な家で過ごし、保養することがある。そのような小さな建築物のこと。

＊9　パスカル・メルシエの引用文　浅井晶子訳『リスボンへの夜行列車』（二〇一二年、早川書房）の二三ページを参照のこと。ただしここでは、グリューンの引用に忠実に訳した。メルシエは、一つの言葉が表現されるとき、それ以前にたくさんの経験から成り立つ、深い無意識の動きが人間の内面にあることを明らかにしている。「魂の考古学者」は、心の奥を探り、そこから「宝物」を発掘しようとする。しかし

「宝物」は簡単に見つからない。そもそも何が「宝物」なのかが、簡単にはわからない。いずれにせよ、主人公のグレゴリウスは、自分の内面を探り、自分自身を理解するために、リスボン行きの夜行列車に乗る。

愛とはどのようなものか

私たちは「愛」について語るとき、たいていは、男と女、場合によっては男と男、女と女を結びつけるロマンティックな愛を考える。それと並んで私たちが愛と呼ぶものには、さまざまなかたちが存在する。たとえば、祖母は孫を愛し、少女は自分の馬を愛し、老婦人は庭を愛し、母親は子どもを愛する……というように。いずれにせよ、私たちは、人が愛するのを見たり自分で経験することによって、愛が何であるかを知っていると思い込んでいる。その際、私たちの愛の概念が、「文化」によって特徴づけられていることに気づかない。私たちが愛の概念に結びつけるイメージは、個人的な経験を通して得られるものであるが、それはまた、社会的な慣習や規範によって定められたものでもある。

私は、このことについて一つの例をあげたい。それは、キリスト教の宣教師が、いわゆる「野蛮人」に「文明化した愛」を伝えるため、全世界に赴いた時代のことである。一七世紀に、イエズス会のル・ジューヌ神父〔一六四二―一七一二。フランスの聖職者〕は、カナダで、先住民のモンターニャ・マスカピスと長い間、過ごした。(18) その一族は、平和で満ち足りた生活をしていた。彼らの間には支配関係はなかった。男性も女性も平等で、もちろん子どもたちの要求は尊重された。ル・ジューヌ神父は、この「未開人」に、ほんとうの結婚を教えることが自分の課題だと考えた。結婚の意味を説明するために、もし男性と女性とが性的な結びつきに厳格でなければ、男性は、息子がほんとうに自分の子であるかどうかを知ることができないと指摘した。彼の話を聞いた人たちは、最初は理解できず彼をじっと見つめていた。やがて突然、はっきり頭で理解したようだった。そのうちの一人が神父に向かって、「お前こそ何もわかっていない。お前たちフランス人は、自分の子どもしか愛さない。しかしわれわれは、部族のすべての子どもたちを愛している」と頭をふりながら言った。その先住民にとって所有物というものは無縁で、子どもを所有するという考えもなかったので、すべての子どもたちと愛を持って生き生きと生きていた。

〈解放する愛〉と〈所有する愛〉

私たちの「洗練された文化」において、「愛」はほとんどの場合「所有」と関連づけられているが、このことはあまりにも当たり前になっているので、私たちは、もはやそのことに気づくことさえない。それに対して、先住民のモンターニャ・マスカピスは、子どもを私利私欲に基づいて愛するのではなく、子ども自身の持つ可能性を信頼し、大人の願望や思い込みを押しつけることはなかった。ル・ジューヌ神父は、「この未開人たちは、私たちが子どもに何か教えようとすることを不可能にする」と嘆いた。「彼らは、子どもがしつけられることを妨害する。そこで私は両親から離れた別の場所で授業をしようとした。なぜなら、この野蛮人どもは、子どもが叱られたり罰せられたりすることに我慢できないからである。彼らは、子どもが泣いて拒むと何もできない[19]」。

もし子どもが無意識に「所有物」として扱われるなら、その子ども自身の独自な存在は、常に抑圧されることになる。「所有する」ということは、今日、価値のあることだとみなされている。なぜならそれは、所有する私たちに、「思いのままに、自由に使えるという権限」を与えるからである。このような前提のもとでは、自立してのびのび生きられるようにと子どもを愛するのではなく、両親の要求に応じるようにと仕向けることによって、子どもを愛する。子どもたちをなるべく独自の存在として認めようとしない私たちの文化が、両親と子どものこのような「所有関係」を支えている。多くの専門家が、乳幼児は両親が中身を満たすべき「空の封筒」のようなものだと見なしている。

私はもう一度このことについてはっきりさせるために、他の文化から一つの例をあげてみたい。それは、社会的に植えつけられた偏見が、どれほど人間の成長を阻害しているかという例である。

民族学者のイレノイス・アイブル＝アイベスフェルト〔一九二八―。オーストリアの動物行動学者〕は、一九六〇年代から七〇年代にかけて、アフリカ、アジア、南米の伝統文化の儀式を記録した。[20] 彼は、西ニューギニアにいた時、多くの偶然が重なって、エイポス族の母親と二人の子どもの間に起こったできごとを撮影した。男の子は、かじりかけのタロイモ入りのパンケーキ[*10]を手に持っていた。妹がそれをつかんだ時、二人とも泣き始めた。母親が急いで子どものところに来ると、二人は母親を見て泣きやみ、笑顔になった。男の子は、持っていたパンケーキを母親にさし出した。母親はそれを二つに分け、両方とも男の子のほうに戻した。男の子はまずパンケーキが突然、二つになったことに驚き、そして、そのうちの半分を妹に差し出した。

私たちの場合、両親はどのようにするだろうか。私は自分の子どもに対して、どうふるまったかを覚えている。同じような状況に直面した時、公平に分けることを教えなければならないという信念のもとに、私は模範的にふるまい、それぞれに一切れずつ与えた。子どもが何かを自発的に提供したり、分け合ったりすると確信して子どもに関わる親は、おそらくわずかであろう。私たちは、育った背景によって自分のふるまいが型にはめられているということを考えることなく、自分が子ども時代に経験してきたことを、安易に次の世代に伝えてしまう。

自分から社会的に行動しようとする子どもたち独自の潜在能力は、このようにして萎縮してしまう。子どもは、自分自身に耳を傾け、独自の思いや能力を、自分の行動の基準として発達させていくことが不可能になる。その代わりに、自分が劣っているという意識を植えつけられ、外からの指示に応じるように従順になることを学び、控えめに生きるようになる。私たちは、自分自身が人間の本性に応じていると信じているので、私たちがとらわれている偏見や、人間についての貧しい考え方を次の世代に引き渡しているとは、考えもしない。私たちは自分自身に疑問を抱かず、私たちの可能性を否定する考え方にとどまっている。そして私たちは、自分のすべてのふるまいは人間の遺伝的資質によるものだという考え方を進んで受け入れている。私たちは、「私たち自身を型どおりにするもの」がどのように生じてきたか、また、それをどのように子どもに押しつけているかを明らかにして、自分の生き方に責任を負うという骨の折れる課題を避けている。

多くの教育理論によって支えられている文化的偏見は、私たちの現実をゆがめるだけでなく、「人間の本性に関する学問的な真理である」と説明される。このような仕方で、「順応主義」が社会に蔓延する。もし子どもが生まれながらにして利己的であり、反社会的であると見なすなら、両親の権威で子どもを教育すべきだということになる。このようにして子どもの可能性を抑圧し、子どもを大人たちの意志で支配するなら、子どもは、無気力になり、自分が無価値であると思うと同時に、深い怒りの感情を宿すようになる。それにもかかわらず、子どもは、加害者の張本人である両親に、この怒りを向けることができない。そして子どもは、両親に怒るのではなく自分自身に怒るようになる。このような子どもに残された可能性は二つである。(1)自分の攻撃の矛先を自分自身に向けて「自虐的」になるか、(2)それとも、自分自身の怒りを、一般的に弱者と見なされている第三者に向けて、「攻撃的」になるかのどちらかである。その場合、攻撃する「敵」の像は、自分自身の怒りによって決まる。私たちは、傷ついた自分自身を生き延びさせるために、また自分が劣っているという感覚から自分を守るために、「敵対者」を必要とする。このようにして私たちは、自分自身を正当化して生き延びさせるために、攻撃性を他者に向けるのである。残念なことに、私たちの文化は、このような病的なふるまいを「健全で正常な行動」と見なし、正当化している。私は、これらのことを、戦争か平和かを問うための重要な問題として、さらに考察したい。

＊10　パンケーキ　日本では、小麦粉・卵・牛乳などを混ぜ合わせ、フライパンで円形に焼いた菓子のことを言うが、粉と水、そして燃料、焼くための金属や石製の板があれば、簡単に作ることができ、その起源は古代エジプトにまでさかのぼると言われている。タロイモ入りのパンケーキは、現在、ニューギニアやハワイなどでよく食べられている。

大人に無視された子ども（私の臨床体験から）

妻との間に問題を抱えている一人の男性が、患者として私を訪ねて来た。彼は、パートナーが、自分に対等な者として近づいてくることに我慢ができなかった。ところが小さな子どもたちには心が動き、子どもたちがいっしょにいてほしいとか助けてほしいと申し出ると、その願いを聞き入れた。彼自身は子どもの頃、両親から関心も支援もまったく得られないという体験をした。ある日、彼は私に、父親との間に起こったできごとを語った。レコード・プレーヤーを父親といっしょに組み立てたいと思い、父親にいくらかのお金をねだった。しかし父親は息子の願いを無視した。それまでも、父親はこのような要求に応じたことはなかった。そしてまったく別の話を始めた。この状況は、私の患者が子どもの頃にどんな目にあったかを、明確に物語っている。彼の要求は簡単に無視された。彼は何の反応も親から得ることができなかった。まさに親にとって、彼は存在していなかったのである。

長い間この患者は、どれほどこの経験が苦しみに満ちていたか、どれほどの怒りを消し去ってきたかを、まったく認識していなかった。なぜなら両親が、あからさまに直接的に息子を拒絶したのではなかったので、この息子は、怒りを生み出したのは両親であり、彼らに対して怒っているのだと気づかなかった。このまったく耐えられない状況の中で、そのような環境にいるほとんどの子どもが行うことを、この息子も同じようにした。彼は、父親の支配力を自分のものにするために、自分の父親を理想化した。つまり彼は自分を、強そうに見える力を持つ父親と同一視することで、自分が体験した劣等感を補おうとした。それと同時に、彼の独自の真実を受け入れること、つまり、自分が生きるために必要なものから、彼は遠ざかったのである。彼の内的な経験は枯渇した。彼は古い苦悩が目を覚まさないように、壁で囲んだ中に苦悩を閉じ込めたため、ほんとうの感情を、妻に見せることができなくなった。子ども時代には、心の飢餓を過食によって満たそうとした。治療を始めてから、彼の苦しみと心の飢餓が明らかにされたのである。

子どもの頃に愛の欠如を刻みこまれた人間は、さらに大きくなる苦しみに対して武装するようになる。彼らは常に「強く」ならなければならず、すべてをコントロールしようと努力する。しかも、私たちの文化ではしばしば、この苦しみは「弱さ」だと両親に評価されるので、子どもの歩みはさらに不幸な経過をたどる。子どもは「弱い」という屈辱と恥辱を補うために、愛情のない両親と自分を同一化し、両親の「強さ」を自分に組み入れようとする。フェレンツィ・シャーンドル(21)〔一八七三―一九三三。ハンガリーの精神分析医〕とアンナ・フロイト(22)〔一八九五―一九八二。ジークムント・フロイトの娘で、イギリスの精神分析家〕は、この過程を「攻撃者との同一視」*11と名づけた。それは患者にとっては、精神的に生き延びるための無力状態を克服する方法となった。苦しみの否定は、他者に苦しみを与えることによって可能となるので、一生の間、自分の外に別の苦しみを求めることになる。このような症状は、人生の早い時期に起こる。最初の兆候として、幼稚園でもすでに起こっていることだが、繰り返し遊びの邪魔をしたり、他の子どもに対して繰り返し暴力的にふるまうことをあげることができる。

*11　攻撃者との同一視　アンナ・フロイトによれば、人間の心の中には、自分を攻撃者と同一視して、自分自身が攻撃者となり、より弱い者を攻撃することによって、自分の受けた屈辱感や劣等感を解消すると同時に、攻撃者に対する不安から自分を防衛しようというメカニズムが存在する。たとえば、母親から虐待され、屈辱感や劣等感を受けた子どもは、自分を母親と同一視することによって、母親に対する不安を解消し、さらに自分自身に対する屈辱感や劣等感を解消しようとする。しかしそのことによって、母親の虐待を当然のこととして正当化し、さらにはみずからが母親になったときに、子どもを虐待するようになる。アンナ・フロイトは具体的な事例として、「先生から怒られそうになると、先生を知らず知らずのう

ちにまね」、「先生が怒ったとき」と同じ表情をすることによって、「不安を克服しよう」とする少年について述べ、「少年が変な顔つきをするのは、不安を起こさせる外界の者と自分を同化、ないしは、それと同一視するためであった」と指摘している。また幽霊を恐れていた少女が、幽霊と同じような身振りをすることで不安を克服したという事例を報告している。ここに攻撃者との同一視が見られる。つまり子どもは不安を取り除くために、「不安を与える人の属性を取り入れ、攻撃を模倣することによって、恐怖を与えられる者から恐怖を与える者へと変化する」のである。(アンナ・フロイト『自我と防衛』外林大作訳、誠信書房。一三五—一四一ページを参照のこと)

押し殺された感情

子どもの成長を見ていて驚くことは、恥辱や屈辱を体験した子どもが、その体験を、自分が「弱い」と見なす別の人に転嫁することである。子どもは、苦痛をもたらした人との結びつきを保つために、このような方法でその感情を自分の中から追い出す。苦しみが大きければ大きいほど、苦しみが弱さとして非難されればされるほど、この転嫁は露骨になされる。ナチスは、この心理的な過程を利用することを知っていた。ナチスのエリート養成機関であったナポラ*12で、子どもは組織的に粗暴化するように追い込まれた。青少年を対象にしたこの養成機関では、生徒にまず動物が与えられ、かわいがるようにさせた。(23) その後、彼らにナイフが与えられ、犬や猫を殺させた。このようにしてヒトラーは、冷酷な若者を育成した。

すべては過去のことだろうか。いや、決してそうではない。今日もまた、アフリカや南米などの多くの国々で、全世界の白日のもとに、耐えがたい仕方で、子どもが少年兵になるための訓練を受けている。感情のない残酷な者になるように、未成年者が動物のように扱われている。彼らは苛酷に扱われ、拷問され、さらに暴行による屈辱を受けている。彼らの名誉欲は、特に他者の前で残忍さを発揮できるか、ということで刺激される。他の子どもを助ける者は、もっとも厳しく罰せられる。かつての少年兵に、彼の行なった残忍行為について尋ねると、たいていは無関心で無感情に答える。たとえばシエラレオネ〔西アフリカ西部、大西洋岸にある共和国〕出身の十四歳の少年は、次のように報告した。「二時に両眼がえぐられ、三時に片手が切り取られ、四時にもう一方の手が切り取られた。五時に一方の足が、六時にもう一方が……。そしてあいつらは皆、死んだ」(24)。ここに描かれているのは極端な例かもしれないが、子どもは、見下げられ、苦しめられ、「強者」であることを強いられることによって、そして、自分の受けた屈辱や苦しみを他者に転嫁することによって、他者の苦しみに対して冷淡で感情のない人間になる。

＊12　ナポラ　国家政治教育学校の略称。ナポラは、一九三三年にナチスが政権を獲得した後に設けられた寄宿制ギムナジウムで、ナチス党員の養成機関として機能した。ほとんどは男子校だったが、女子校もあった。戦争が長引くにつれ、国防軍や親衛隊の将校の予備軍の様相を呈した。

男性的な妄想と英雄神話

暴力は、「強さ」と「男性の英雄的精神」の表現であると、多くの人が今なお考えている。しかしながらその背後には、「自分自身として存在することが、まったく許されなかった人」の、それゆえ「生きることを、殺すことに取り違えた人」の不安と弱さが隠されている。もしほんとうに「英雄的精神」があるとしたら、それは、たとえ戦争の中でも自分の感情を守る勇気があり、「無意味な殺人に向かわせる圧力にも屈しない人」のことである。実際の戦争で、そのような人がいたことが、調査[25]によって明らかにされている。彼らのような人間が存在することが、平和への希望であり、しかも「人間は、生まれつき邪悪な攻撃性に駆り立てられる存在である」という主張をくつがえす論拠になる。

アメリカ合衆国の南北戦争の際、八〇パーセントの兵士たちは銃をまったく発射しなかった。[26]この人たちにとって、殺人は、殺人をやめるようにという内面の声に反することだった。ベトナム戦争においては、五分の一の兵士が、拷問やレイプをまったくせず、一般市民や捕虜の殺害もしなかった。調査によれば、これらの人々は、自分自身の不安を受け入れることのできた人、また男らしさを証明する必要のなかった人、そして他者を助ける用意が常にあった人であった。(27)それとまったく異なっていたのが、いわゆる「グリーンベレー」〔米陸軍特殊部隊〕だった。この合衆国のエリート集団は、ベトナムでは、特に非情で残虐な兵士として知られていた。研究者のデイヴィッド・マーク・マンテルは、グリーンベレーと、良心的兵役拒否者の生活歴を比較した。マンテルは、良心的兵役拒否者が、子どもの頃に、自分をありのままに十分に受け入れる両親や養育者といっしょだった、という事実を明らかにした。(28)反対に、グリーンベレーは、身体的な暴力をともなう権威主義的な教育を受けていた。彼らは、繊細にふるまうと両親から軽蔑され、やさしさを求めると弱々しいとして罰せられた。そこには思いやりに満ちた感情はまったくなく、若者は「道徳的な規律」という威圧的な教育方法に服従させられた。両親は従順と服従を期待し、厳しい処罰を貫き通した。これらの若者は、成人して職業的な兵士になり、ベトナム戦争の中にあってもその極端な従順さによって、命令に絶対的に服従した。ベトナムで、女性や子ども、老人に恐ろしい犯罪を行ったが、それに対する罪意識や、恥ずかしさ、責任感は、まったくなかった。

自分自身の真実を受け入れること、暖かさや愛を求めることが、私たちの「人格の核」を形成するが、その可能性を奪われた子どもは、やがて権力者に順応し支配される大人になる。彼らは無意識的に、すべての生きるものに対する怒りと憎しみに満たされている。暴力性を内に秘めている彼らは、ぴったりの「仮想敵対者」が現れると、すぐさま攻撃的になる。ナチスの若者もまた、権威主義的に教育され、規律と服従を最高の原理とし、やさしさは弱々しさとして否定された。

それに対してエイポス族や、モンターニャ・マスカピス族のような文化は、子どもを信頼し尊重していた。そこでは子ども自身が、本性のまま愛され認められていると感じることができた。それとは反対に、子どもの独自性が低く評価され抑圧されるなら、その結果、敵意と妄想が生じる。そのような人間は、直接的であれ間接的であれ、暴力によって破壊されるに違いないという状況に立たされるときに、ほんとうに生きていると感じるのである。

人間の本性についての考察

子どもの頃に経験したことは、たいていの場合、その人が親になったときの行動を決定づける。親は、自分がそのようにしか生きられなかったので、子どもに対しても、尊重することや共感することなく行動する傾向がある。人間性を軽視した生き方が、このように世代を越えて引き継がれるのである。――今日、多くの人たちは、それを「遺伝」によるものだと考えているが、そうではなく、「拒絶」と「抑圧」によってゆがめられた「親＝子関係」によるものである。その結果生じる攻撃的な行動様式は、私たちにとって当たり前となり、遂には、私たちの存在にとって変えることのできない構成要素として受け入れられるようになる。そして私たちは、「戦争は、攻撃のとりこになり、それゆえ戦いを求める『人間の利己的な本性』によって起こる」という偽りの真理を、何の疑問も持たずに、受け入れてしまう。

しかし私たちが人間の「本性」について抱くイメージは、男らしさ、強さ、財産の所有、競争という文化的な価値観によるもので、「先入観」や「イデオロギー」にすぎない。人間が「邪悪な本性」を持っているという考えに根拠はない。人間の進化の歴史をたどれば、人間が他者とともに生きることができた多くの例を発見する。[29]八千年から一万年前の女権社会には、戦争も、防衛のシステムもなかった。その上、ネアンデルタール人のような人類初期の先祖は、思いやり深い仲間たちといっしょに、お互いに平和な生活を送っていたと、人類学者は指摘している。[30]発掘されたネアンデルタール人の骨格から、この時代の人間が長い期間にわたって大切にされ、世話されていたことがわかる。頭蓋骨には、怪我の治療の跡が見られるだけだった。

人類が生き延びるためには、お互いの気持ちのつながりや結びつきが必要だった。このことについては、科学的にも指摘されている。[31]人類学者は、私たちの祖先は攻撃的に対立し合うのではなく、協力し合うことによって共同体の生き方を決めていたと明らかにしている。ところが、私たちの現代文明の社会化[*13]が、今日、「正常」だとする支配関係や競争へと導いたのである。私たちは、自分たちの祖先を原始的な状態だと軽蔑し、「彼らについての私たちの認識が誤まっている」とか、「私たちのあり方が歴史の進化の頂点であるという自己像こそ、検証すべきである」とは考えない。

競争や、優位性を求めることは、私たちの現在の共同生活の典型的な特徴である。民主主義社会にも支配構造が存在することは、確かに、常に明らかにされているのではない。しかし、子どもの教育から一般社会人の生活まで、支配構造が、私たちの日常を形作っているのは事実である。社会に階層があることが当たり前になってしまい、私たちはもはやそれにまったく気づかない。また他者との比較が私たちの文化の原理となっている。私たちは、単純に自分があるように存在しているのではなく、いつも他者と比較して、多いか少ないか、善いか悪いか、上手か下手か、魅力的かあまり魅力的でないか……というあり方をしている。

競争と対立は、社会を存続させる法則として、私たちの社会構造の行動原理となっている。このことは、「個々の人間」に、あるいは「緊張、不信、敵意、恐怖に支配されている社会的環境」に、深刻な結果をもたらすばかりではない。長期的に見ると、ともに生きるのではなく敵対し合う社会は、滅亡する以外にない[32]。私たちは、国家間に起こる戦争を理解するために、日常生活の中の「争い」についても、——つまり朝食のテーブルで、教室で、路上で、メディアで、職場で起こる争いについても、向き合う必要がある。

もし協力し合い、社会的に連帯できる共同体を形づくるなら、社会のそれぞれの構成員は、独自の潜在的な能力を発揮し、それを公共のために用いることができるであろう。それぞれが結びついてともに生きることは、――チンパンジーの集団も明らかにしているように(33)――責任ある行動を展開させていくであろう。なぜなら、一人ひとりが直接的に相手と結びつくなら、自分の行動の結果を知ることができ、相手に合うように修正できるからである。それに対して、優位に価値を置く利益社会は、ありのままの自分を衰弱させる。なぜならそこでは、社会の構成員の肯定的な面を発展させる可能性が妨げられ、破壊的な傾向が強められるからである。邪悪な攻撃性は、そのような社会構造のしっかりした構成要素となる。なぜならそこにおいては、「弱い人たち」には軽蔑が、「社会の頂点にいる人たち」には嫉妬と憎悪が向けられるからである。優位になろうとすると、個人的には「孤立」し、お互いの間では心理的な「距離」ができる――この「孤立」と「孤独」が、人々の群れの結びつきを弱めるのである。

＊13　社会化　ここでは、個人が近代社会の行動様式を身につけ、その一員となること。グリューンは、近代の社会化が人間どうしの競争をもたらしたと考えている。

〈共感〉こそ人間を人間にする

人と人を結びつけるのは、「共感」や「思いやり」である。共感によって、私たちは相手の置かれている状況の中に導かれ、その人の必要とするもの、願いや考え、活動を、同じように感じることができる。共感する能力は、そもそも人間の発達を可能にするものである。なぜならその共感こそが、初期の学習体験の基礎だからである。共感は、すでに胎児の時期に母親とともに行動することを可能にし、乳児が最終的に独自の世界を持つ個人へと成長するように働きかける。[34] ところが、この人間を成長させる共感によって果たされる決定的な役割について、ほとんどの学者は無視し続けている。

共感する働きは、私たちの感情をつかさどる右半球の脳に限定されている。最近になって人類学者は、この右脳の部分が、二五〇万年にわたる人類の進化の過程の中で、大きく成長してきたことを発見した。(35) 学問の世界では、この発見は大きな驚きだった。最終的に人間は、より大きな知的能力によって祖先より優位になったと考えられている。しかしそうであるなら、右脳ではなく左脳の体積が増大するはずだが、そうはならなかった。

私たちは、しばしば、共感や人間性について語る。しかし私たちが語る場合、たいていはその言葉の裏に、見せかけの感情で相手を操ろうという思いが、無意識のうちに隠れている。そこでは、共感が軽視されていることがわかる。世間のふつうの考えでは、人間は、感覚ではなく知的能力で評価される。言語と抽象的な思考能力によって、人類は他の動物より優位になった。そして、劣悪な原始状態から、もっとも文明化したと見なすそれぞれの時代までの歴史を、「人類の進歩」として解釈してきた。この進歩の見地から、弱い人々が退けられ強者がそれに代わるという絶え間ない闘争が繰り広げられてきた。

生命を、機械と同様に、力学的な機能として矮小化した自然科学の考えは、感情が人間の存在に中心的な意味を持つことを否定する。生化学や遺伝子工学などの原則は、人間を理解するための一つの方法にすぎず、複雑な人間の行動や経験を正しくとらえるものではない。私たちが、遺伝子を操作し、薬によって病気の症状を押さえることができるということと、人間の生活を理解することとは意味が違う。心理的な経過をコントロールすることと、原因を理解することとを同一に考えることは間違いである。

私は、不安について、一つの例をあげて説明したい。現代の脳の研究によって、私たちは、人間が不安を感じるときに、脳のどの部分とどの部分の結びつきが活発になるかが、次第にわかってきた。神経の興奮は、沈める薬で抑えることができ、不安にも影響を与えることができる。しかしそれで、不安そのものについて何かを知っているということにはならない。このような仕方で感情をコントロールすることは、私たちの経験や、その原因と結果についての何かを知ることとは異なる。「制御すること」は、人間の生命を貧困にする。何か困ったことが起こり、動揺して友人のところに向かうとき、私たちは決して、鎮静剤の処方を期待しているのではない。私たちはそれより、友人が自分の経験を話してくれることや、私たちに起こったことは何なのか、それが私たちにとってどのような意味があるかを、友人が正確に理解してくれることを望んでいる。簡単に言えば、友人が私たちに関心を持つこと、共感することを望んでいるのである。そのことによって、私たちに何らかの変化が起こるのである。これに比べ向精神薬は、私たちの感情を貧しくさせるだけである。

「生化学によって感情を抑制すること」は、「何が人間を動かし、何が複雑な経験の中で人間のあり方を決定するのかを理解すること」とは、まったく関係がない。共感や人間性にではなく、何よりも人間の感情をコントロールすることに関心を持つ現代医学の無知は、それだけに一層、恐ろしい。

幼児期に育まれる〈共感〉

共感は、私たち人間存在の「核」である。この重要な能力の発達を、いったい何が促進し、何が妨害し、何が抑圧するのかを、私はここで詳しく説明したい。

乳児は生まれ出たときからすでに、発見の大きな喜びを持って、自分を取り巻く環境を観察している。[36] 次々と新しい刺激に向かい、自分の経験を積極的に広げていく。この好奇心や開放的な心は、共感する知覚能力が前提になっている。環境との相互作用による経過の中で、乳児は、私たちが人間のアイデンティティーと名づけるものを発達させる。外側からの刺激と、内的経験の間の絶えることのない相互作用は、子どもの内面で、「自分は誰か」、「自分には何ができるか」という感覚を育てる。この発達は、しかしながら、子どもの生活に養育者 —— 私たちの社会ではたいていは母親 —— がいる場合にのみ、順調に進行する。母親が思いやりを持って子どもに寄り添い、子どもの積極的な活動や、子どもの生きる喜び、また子どもの好奇心を受け入れ、保護する場合にのみ、このような発達が可能となる。そしてこのようにしてこそ、子どもは他の人間に対して、自分が独立した存在であると考えられるようになる。だがもし両親が、子どもの活気を、邪魔だとか、わずらわしいと感じるなら、子どもの中に、すぐに不安や無気力が広がっていく。

子どもは、独自の存在としての自分が、他の人間にとって意味があるという感覚を必要とする。実際に子どもがどのような存在になるかは、この「意味があるということ」を確信できるかどうかにかかっている。生き生きした独自の存在である子どもに向き合わず、親の願いに添うときにだけ子どもに心を配る両親は、子どもをジレンマに陥らせる。子どもはあるがままに愛されたいのだが、両親は見返りを期待し、「お前は私のために、どんなことをしてくれたのか？」と、たとえ口に出さなくても問うのである。このような中にいる子どもの内面では、自分は誰かということについて、死ぬほど苦しいたたかいが始まる。そして子どもは、相手に共感して真実をありのままに受け入れることや、自分に必要なものを要求することをますます自分で拒絶し、両親の期待どおりに歩むようになる。

子どもの個性は、このような経過で分裂し、発達が妨げられる。もし、従順であるように教育され、威圧的な支配によって、共感して真実を受け入れる能力が抑圧されるなら、そのような子どもは、新しい状況や初めて会う人々の前で、際立って物おじするようになる。攻撃的に行動する傾向があり絶えずストレスの中に置かれている子どもは、血液中からコルチゾールと呼ばれるストレスホルモンが、高いレベルで検出される。[37] このような人間は、相手と共感することや、相手の苦しみを引き受けることが不可能になる。両親の厳格な権威のもとに置かれる子どもは、早い段階で、両親によってもたらされる苦しみを、自分の「弱さ」と見なすようになる。このような経験をした子どもは、自分の弱さを罰するために、弱さから生じる苦しみを自分から遠ざけて他者に押しつけるときにのみ、生きることができる。

若い殺人者アダムのこと

アダムは、カトリック教会の司祭に仕える十六歳の祭壇奉仕者[*14]だった。[38] 彼は、聖体のパンを司祭に手渡してから一時間後に、友人と共謀して一人の男性を殺害した。犠牲になった相手は「弱者」であったと、後になってこの若い殺人者は語った。二人の加害者はその犠牲者を殴り、それから壊れたワインのびんとフォークで殺した。フォークは被害者の頭につき刺さっていた。「あいつに同情なんかしない」とアダムは自分の犯罪について語り、「頑固なやつだから、こうなったんだ」と言った。

アダムの両親も犯罪者だった。両親の二人は共謀して襲い、持ち物を奪った。父親は隣人を刺殺したこともあった。アダムの祖母によると、両親はいつも酩酊状態だったそうである。この両親は、息子に対して、暖かい心をまったく持っていなかった。ある日アダムは家の扉を叩き、次のように叫んだ。「ママ、ドアを開けて。ママはそこにいるんでしょ」と。しかしドアは閉まったままだった。アダムは早くから、「自分にとってほんとうは必要である暖かさや保護を求めないこと」を、学ばなければならなかった。それは悲しいことだったが、苦しみを克服するためには、それ以外の方法はなかった。実際には、配慮が行き届く思慮分別のある人たちが必要だったのだが……。

この絶望的な状況の中で生き延びるための唯一の可能性は、自分自身を遠ざけることだった。アダムは、愛への要求を黙らせ、自分が人間として必要とするものを拒否した。そして、自分にとって人間的な心情を掘り起こさせるものを憎み始め、そのような感情を引き起こすかも知れない人間も憎むようになった。彼は、そういう人間を、侮辱し、処罰し、殺害しなければならなかった。こうして彼は、自分の体験をありのままに受け入れることなく、自分の苦しみを他の犠牲者に負わせた。このように、破壊行為は常に、他者を犠牲にして強者の体験をするための自己の「無力さ」の再現である。このような経過の中で、自分が凶暴な人間であると気づく人は、ほとんどいない。彼らは見え透いた論拠で、自分の行為をもみ消すことができる。

＊14　祭壇奉仕者　カトリック教会でミサの際に、司祭に仕える少年（最近では少女も認められることがある）。「侍者」とも呼ばれる。たとえば、聖体拝領のパンやぶどう酒を用意する。

非人間性のルーツ

私たちの多くの人々にとって、「まったく正常に生きている人間が、ほんのわずかしか共感せず、悔いることなく相手を苦しめ、その上、殺すことまでできる」と考えることはむずかしい。私たちはどの人とも、道徳的な価値や、仲間への感情、理性的な論証について、話し合うことができると思っている。しかしながら実際には、人生の早い時期の経験で「冷酷な人間」になっている人は、心理的観点だけでなく生理的観点にも、まったく異なる「機能」が作られてしまっている。彼らがたとえ、普通の人間の仮面を着けようとも、道徳的感覚や、他者に対する感情は欠けたままである。

非人間性は、子どもの感情や共感する能力を見下げ、「弱さ」として退ける社会化によって生み出される。そういうトラウマを抱えて成長する子どもは、自分自身から常に距離を置き、ありのままの自分を異質なものとして拒否する。その動きは、心理的な経験と、人間を構成している生物的な発達との間の、常に相互に作用し合う関係の中で起こる。愛と養育の欠如は、生物的身体に驚くべきストレスを与える。そしてその経験が、脳に「傷跡」を残すのである。[39]

もし母親が愛情を込めて赤ちゃんを抱き、思いやりを持って子どもの必要とするものに対応するなら、セクレチンというホルモンが子どもの身体の中に分泌される。[40] この神経ペプチドの一種であるセクレチンは、子どもが成長していく中で、何度も体験するストレスや緊張をやわらげる。それによって、母親と子どもの積極的な結びつきも強められる。両親の要求を満たすのではなく、子どもに必要なものを大切にする親子の結びつきは、共感できる人間へと発達を促す。これが子ども自身の自己の基盤となる。そのような子どもは、経験を自分の人格の一部分として統合することができ、自分の経験を愛されないものとして自分から追い出す必要はない。

もし両親が子どもの必要とするものを理解せず、不適切な対応をするなら、これとはまったく異なることが起こる。[41] 子どもの共感する能力は抑圧され、発達しなくなる。子どもは孤立状態になり、絶え間ない緊張の中に置かれる。そのことによって引き起こされる極度のストレスを、克服することはできない。そこで、心理的に生き延びるために、この子どもは感情を自分自身から分離し、追い払わなければならなくなる。それほどまでの苦痛と絶望を経験しているのである。この苦しみと悲しみは、あまりに大きく圧倒的なので、子どもは、この感情を完全に消し去り、切り離すことによってしか生き延びることができない。

苦しみや不幸の感情を抑制する物質が、人間の身体の中にあり、エンドルフィンと呼ばれている。これは「しあわせを感じるホルモン」と俗に言われており、私たちがやさしさや愛を経験するときに、分泌される。だが拒絶され無視される子どもの体内では、あまりにも苦しみが大きいので、この自然の「防護壁」は活動しなくなる。それゆえこのような子どもは、克服するには大きすぎる苦しみを経験することになり、自分の感情を分離したり、拒絶したりしなければ耐えることができない。

そのような経験をした人間は、この苦しみが現実の生活の中で再び目を覚ますのではないかという不安に、生涯にわたってとりつかれ、どうにかしてこの不安から逃れようとする。そのために、他者との関係においても、思いやりを持って相手の真実を受け入れ共感することが不可能になる。普通の人間にとっては、理解や関心、愛情を呼び起こすはずのものが、彼らにとっては、殺害願望を目覚めさせるものになる。彼らは、人間らしい感情を呼び覚ますものを、殺害しなければならないのである。もし私たちが、真剣に平和の達成を目ざしているのであれば、この事実に注目しなければならない。人間が破滅に向かって歩むのか、平和に向かって歩むのかは、私たちが苦悩とどう向き合うかという問題と密接にかかわっている。

〈殺人者〉を身に宿す人間

私たちの社会は、日常の現実にある苦悩を、たいてい矮小化しようとする。苦しみは、身体的なものであろうと精神的なものであろうと、「業績」「大きさ」「力」に固執する私たちの世界では、すでに述べたように、あってはならない「弱さ」として考えられている。病気になった際の賃金の支払い継続期間を短縮する、という政治的な議論の中にも、このことを示す具体的な証拠を見いだすことができる。病気になることは、社会が好む「成功モデル」ではなく、「弱さ」であり、拒否され罰せられる。苦しみを、「弱いもの」として軽蔑することについては、多かれ少なかれ、すべての人間が直面させられる問題である。私はここで、母親の残酷な態度に苦しみ、母親をどうしても許せなかったある患者を思い出す。彼女は、自分の苦しみを恥じ、私からも拒否されるだろうと恐れていた。もし両親が、子どもの苦痛に満ちた感情を「あるはずがない」とし、あるいは「子どもの嘘」として対処するなら、子どもは自分のありのままの感情を、自分自身から切り離す以外になくなる。そして子どもは、苦しみながら「弱虫の自分」を見て、自分を恥じることになるであろう。

しかしどのようにして人間は、それほどまで自分自身を疎外し、その結果、他者を殺すまでに至るのだろうか。一人の暴行犯の例をあげて説明したい[42]。ブロードムーアは、精神病患者のためのイギリスの医療刑務所で、その中にはおもに殺人犯が収容されている。私は数年前に、そこの患者の何人かにインタビューした。特に記憶に残っているのは、次のような例である。その暴行犯は多くの人間を殺したが、それは一瞬でも自分が生きていると感じるために「彼らの命が必要だった」からだそうである。彼は私に、三歳の時に母親に熱湯をかけられたと、まつ毛を動かすことなく平然と語った。この記憶に関しても何の感情も示さなかった。彼は、これほどまでひどい母親といっしょに暮らせるように、自分の苦しみを隠し、閉じ込めた。しかしながら、他者を苦しめたいという欲求を、常に感じるようになった。このようにして彼は、自分にとって失われた苦しみを再び見つけ、自分が苦しみを受けた代償として他者を処罰することができた。彼は、自分自身の代わりに、またかつて感じていながらも感じることが許されなかった苦しみの代わりに、犠牲者となった相手を処罰したのである。

これが、極右勢力からカルト宗教の熱狂的信奉者に至るまでの、あるいは世界支配者からグローバル化の強硬な推進者までの、ありとあらゆる破壊的な人間を、人間蔑視に追い立てる理由である。これこそ、自分から切り離した苦しみを手に入れ、かつて自分がとても弱かったこと、苦しんだことの代わりに、他者を罰しようとする行動である。そのような人間は、生き延びるために、また自分が奪われるときに生じる内面の空虚さを満たすために、破壊的な行動をとる。多くの人たちは実際に、自分の空虚さを満たすために人を殺す。それ以外の人たちは、偉大なものに心を奪われ、相手の存在を貶めることによって相手をおとし入れるという、間接的な仕方で同じことをする。

クラウス・バルビー[43]〔一九一三―九一。元ナチス親衛隊大尉〕は、特に残忍なナチス政権の手先だった。彼は、フランスのリヨンにあったドイツ秘密警察の責任者として、ナチスへの抵抗運動を自分の手でつぶそうとした。ジャン・ムーラン〔一八九九―一九四三。フランスの政治家、レジスタンス運動の指導者〕は、有名なレジスタンス運動の指導者でナチスに抵抗する戦士だったが、バルビーの拷問を受けて死亡した。バルビーは、戦後、南アメリカに逃れたが、ある日、ジャーナリストがその行為について質問した。バルビーは、「私がジャン・ムーランを尋問した時、彼は私自身であるという感情を抱いた」と答えた。この殺人犯が犠牲者にしたことは、ある意味で自分自身にしたことであった。自分自身に対する憎しみを、相手を殺すことに置きかえたのである。彼は、ジャン・ムーランという人格の中に、「かつて愛を必要としていたが、そのようなことを要求するのは、自分の弱さと欠陥のためだと感じ、偽ってきた、自分自身の人格」の一部があると感じた。このような人間にとって、生きることは、戦争や暴力と同じことなのである。

〈活力剤〉としての破壊（ナチス将校の場合）

ヴィルヘルム・キュテマイアー(44)〔一九〇四―一九七二。ドイツの心理学者〕は、ナチスに敢然と立ち向かったドイツの数少ない心理学者であった。戦後、ナチスの元将校が、この心理学者を訪ねた。その将校は、かつて経験したシーンが何度も現れる妄想に悩まされていた。彼は、バルト海で、兵士や一般市民を満載した船に将校として乗船していたが、潜水艦から魚雷攻撃を受けた。船上は混乱に陥った。その将校は、そういう場合にどう対処するかを定めた規則どおり、絶望してパニック状態になっている母親と子どもを、何人も射殺した。それゆえ彼は、母親が赤ちゃんをしっかり抱き、非情に驚いた表情で悲しげに彼を見つめているシーンから、逃れられなくなった。彼は、実際に母親たちを撃ち殺した時は、彼女たちがこういう「変わった表情」を見せるだろうと予想していたものの、それ以外のことは何も感じなかったと、自分を責めた。

この自分の無感覚さを、元将校は子どもの頃からすでに知っていた。六歳の時、友だちがジフテリアで亡くなり、その亡骸の傍らにいた時のことである。その時も、彼は好奇心以外の何も感じなかった。キュテマイアーの報告では、彼は、ただ知識欲を満足させたかったということである。彼の父親が亡くなった時も、まったく同情など感じなかった。キュテマイアーはこの患者に、砲兵部隊の攻撃中にどのように感じたかと尋ねたが、この男は、「うまく行った、とてもうまく行った」と答えるだけだった。彼はそのような状況の中にいるときほど、快適さを感じることはなかった。彼は特にじっとしていることを激しく嫌い、自分が行動できたとき、自分の「本分」を正しく発揮したと思えた。また、他の人間については、まるで死んだかのようで身近に感じることはないと語った。

ここで二つのことに注目したい。死と破壊は、この男の「活力剤」であった。しかも、彼は常に行動的で、常に活動する必要のある人だった。この二つのことが、このような人間の生命に、意味と確かさを与える。赤ちゃんを抱いた母親を残酷に殺害したことは、彼が人生を憎んでいたことを示している。定められた規律どおりに正しく行動したという彼のかつての論拠は、その規律が何らかの理由で意味がなくなるとき、単なるまやかしとなる。これらのことは、「正しい人間のイメージ」「規律どおりに生きる人間のイメージ」を維持して生きることが、彼にとっていかに重要であったかを示している。それは彼のほんとうの感情とは、まったく無縁なものである。

〈死の脅威〉としての無力感

前述の元将校のような人間は、何もしないで、じっとしていることが、平静さを失わせる。このような人間は、すべてをコントロールし、常に行動していないと気がすまない。このような人間の最悪の事態とは、「無力感」に襲われることである。私たちはもちろん、日々の生活の中で、この問題をそれとなく知っている。私たちは、「どんなときも、活動的であるべきだ」と考える。不活発な人間は、「怠け者」だと決めつけられる。「無気力」は嫌われている。どの「問い」にも「答え」があるべきで、どの「問題」も「解決」されなければならない。また、しばしば起こっているように、もしパートナーのどちらかが正しく「機能」しないなら、二人の関係は危機に陥る、などである。

私の患者の一人の女性は、名誉欲が強く社会的に成功していた。彼女は、親しくしていた男性が無気力に陥った時、それに耐えられなかった。そしてその後、彼を完全に拒否することになった。彼女は彼から遠ざかり、他の男性たちに気を向けた。一方、その男性は、著名な科学者で、生産的で成功を収めたこともあった。しかし彼は時折、無気力に陥ることがあり、それが彼女を悩ませた。診察の結果、最終的に明らかになったことがある。彼女は「無気力な状態」を、「絶望的な深淵に転落する」、「救いのない状態に見捨てられている」というイメージで理解していた。彼女の母親は、彼女が五歳の時にうつ病になった。その時、彼女は、自分が完全に無力であり、拠り所が何もないと感じた。すでにその時から彼女は、自分でコントロールできない状況を、耐えられないものと感じ始めるようになった。そしてその時、絶望的な深淵に陥ったという感覚が呼び覚まされたのである。

もし両親が、無力さを感じて苦しみの中にいる子どもとともに歩み、支える、ということができないなら、その子どもは、救いがなく見捨てられたと感じる。このような状況の中で子どもが成長すると、無力さが、「死の脅威」となる。この子どもにとってこの状況は生きるか死ぬかなので、死から逃れる方法を試すようになる。乳児の研究によると、愛といたわりがない場合、死ぬこともあることが明らかになっている。(45)

フランスの子どものためのセラピストであるフランソワーズ・ドルト〔一九〇八―八八。フランスの小児科医、精神分析家〕は、この関連で「死の発見」[46]について語っている。彼女はその中で、乳児の期待や反応が無視され続けるときの、乳児が経験する絶対的な「無力さ」について語っている。両親が子どもの必要とするものを知り、ふさわしく対応しないなら、あるいは両親が子どもの感覚の世界から目をそらし、その結果、養育者からの反応を得られないなら、子どもは生きる意欲を失い、無関心に陥る。たとえ必要な食糧が与えられ、睡眠をとり、清潔さが保たれ、身体的に健康であっても、やさしさがなければ子どもは身体的にも衰弱し、成長も止まる。この精神的な欠乏は、極端な場合には、子どもを死に追いやることもある。[47] 小児科医であるマーガレット・リブル〔米国の精神分析家。『幼児の人権』〔一九六〇年〕などがある〕が、すでに一九四三年に、孤児たちの観察をもとに確認している。

すべてを支配しようとする権力者

人間は、母親の胎内にいる限り、多かれ少なかれ、必要なすべてのものを自動的に与えられている。母親が健康なら、胎児は何の不足もなく、生体として母親と一つであることが保証される。成長しつつある胎児は、このように生理学的観点においても、相互性ないし依存性を身に着けており、その相互の関係性の中に入れられることによって、当然のこととして必要なもので満たされる。しかし子どもは生まれ出ると、その状況が根本から変わるのである。乳児にとってこの突然の分断が、どれほど苦しいもので、どれほど危険なものであるかを、私たちは、感情移入の能力によって想像することができる。

乳児はこの状況の中で、感情的にも身体的にもしっかり支えられ、自立への道を、思いやりを込めてともに歩んでくれる両親が必要である。母親の「腹」から、お互いを共存させる生命の水が流れていて、乳児はそこから栄養分を受け取るだけでなく、感情的な心遣いや対人関係の刺激をも受け取る。もし両親が子どもに向き合うことを拒否したままでいるなら、子どもは死に至るほどの耐えられない内的な苦しみを経験する。この苦しみを意識から追放できる場合にのみ、精神的に生き延びることができる。こうして、苦しみや恐怖に関係する感情を、自分から切り離すことが始まるのである。

もし人間が、自分の無力さに我慢できず、常にすべてをコントロールしなければ気がすまないというのであれば、それは、たいていの場合、かつての死ぬほどの経験に対する反動によって引き起こされる。厄介なことに、私たちの文化においては、この「すべてをコントロールする」ことが、何かしら好ましく、指導的役割を果たす能力があると評価されている。私たちは、まさにこのような傷を負う人間を、「決断できる権威者」、あるいは「模範的指導者」として選び出す。なぜなら私たちは、このような人間こそ、政治的分野でもっとも確実に私たちを危険から守ると、考えているからである。しかし真実は、私たちを危機におとしいれるのは、彼らである。このような権力者は、常にあらゆるものをコントロールしようとし、何もかもスタンプを押さなければ気がすまず、決して簡単に、生きているものをあるがままにしておこうとはしない。子どもの頃に真実の愛をまったく経験しないで成長した彼らは、その内的な感情の空白を満たすため、生きているものを支配し、所有し、しばしば虐待し、殺さなければならなくなる。

すでに述べた英国のブロードムーア刑務所に服役していた精神障害者の殺人犯[48]は、生きるために人を殺さなければならなかった。彼のように空虚感にとらわれた人間はすべて、生きている感覚を手に入れるために、他者を奪い取らなければならない。多くの政治家、実業家、銀行家たちもまた、横暴にふるまい、他者をもてあそび、見下すという刺激を必要としている。このような人間は、自分の内的な空白を満たすために、相手を破壊する。つまり彼らは、相手を破滅することで、自分の活力を引き出すのである。

優れたスウェーデンの推理作家のヘニング・マンケル〔一九四八－。スウェーデンの推理作家、児童文学作家〕は、『凍てつく前に[49]』という著書の中で、権力欲に取りつかれた人物を、次のように描いている。「生きるために殺すことは、その人にとって、内的な空虚さを消し去るための重要な方法の一つであった」。

私たちはたびたび書物において、現実の中では気づくことのできない真実に直面させられる。アメリカの劇作家でノーベル賞受賞者のユージン・グラッドストーン・オニール〔一八八八－一九五三。米国の劇作家。ノーベル文学賞受賞〕は、『世界のあらゆる富[50]』と題する演劇の中で、主人公のシモンという有力な工場主のことを次のように説明している。「会社を経済的に自立[*15]させるという私の目標を、何も止めることはできない。私の会社は完全に自立し、すべての面で安全でなければならない。――そのために、奴隷ではないと証明する独自な存在としての権力を持たなければならない」。

このような人間の生き方は、常に、「すべてか、無か」のどちらかでしかない。権力を持つことは生きることを意味し、何もしないことは死を意味する。この演劇の作者オニールは、子どもの頃の絶望的な無力感が、どのようにして権力に向かわせる努力を生み出すかを描いた。もし子どもが愛を経験しないなら、そして子どもの活気さに両親が共感できないなら、その子にとって権力こそが人生の推進力となる。愛や共感の欠乏から、必然的に、致命的な破壊と暴力とを兼ね備える偉大なものに向かう生き方が始まる。

＊15　経済的自立　オニールが批判する「経済的自立」とは、「経済的自給自足」とも訳せる。経済的な理由により、他に依存しない孤立的な封鎖体系を維持する経済体制を指す。「経済的モンロー主義」と呼ばれることもある。

大きな権力に結びつきたいという誘惑

特別な能力で成果をあげることや、進歩的な言動で売り込むことによって、自分の偉大さを証明しようとする衝動は、その人の内面の欠乏を表わしている。それは、偉大さを得ることや優越さを求める人間が、ありのままの自分を疎外することでできた内面の欠落である。子どもの頃に持つべきものが得られなかったために、他から略奪しなければならなくなったのである。皮肉なことに、このことが、空虚な人間を、政治、経済、科学の分野の指導者として選ぶ「からくり」である。

このような人たちによってもたらされる政治的危機は、驚くほど大きい。このことを明らかにするために、もう一度、発達心理学の話に戻りたい。もし子どもが、自分は見下げられ理解されない存在であるという恐れを抱くなら、精神的に生き延びるために、できる限りのことをするに違いない。フェレンツィ・シャーンドルは、一九三二年に、「過干渉のもとに置かれた子どもが、不安や恐怖から逃れようとして起こす自己喪失*16」について記述したが(51)、それと同じことがここでも起こる。この現象は、両親が自分の価値を高めるために、子どもの依存性を悪用することを容認する人間環境の中で起こる。この絶望的な状況下で、子どもは、自分を育てる大人との結びつきをしっかり受け入れようとして、自分自身の感情や真実を受け入れることを拒み、大人の期待に完全に服従しようとする。フェレンツィはこの心の経過を次のように描いている。「子どもは、身体的にも道徳的にも、まったく無力だと感じており、人格としても論理的に反抗するにはあまりにも弱い。そこで大人は、圧倒的な力と権威で子どもを黙らせ、子どもの意志を奪い取る。子どもは、自分の不安が最高潮に達すると、自動的に攻撃者の意志に自分を服従させ、攻撃者の願いを察知して自分自身をすっかり失い、攻撃者とまったく同一であると認識するように自分を強いる」。

乳児、もしくは小さな子どもにとって、母親や父親が目を離さず見守ってくれることが、生きるためには必要不可欠である。子どもの生き生きと生きる様子は、両親から流れ込んでくる刺激に反応できるかにかかっている。この心理的過程の中で、両親との結びつきが形成されるのである。両親の態度や感情、対応は、成長する子どもの存在の中心となる。しかし私たちの文化の中でよく見られるように、両親が自分の価値を高めるためだけに子どもを利用するなら、心的な形成は複雑なものとなる。その際に子どもは、二つの仕方で両親の影響を受ける。まず一方で、子どもは、抑圧的で懲罰的である両親の現実の態度を「ありのままに」受け入れて成長する。しかしもう一方で、「両親からどのように見られたいか」と考え、両親の理想どおりの自分を形成する。つまり「両親の思い描く像」をほんとうの自分として受け入れ、自分自身の像を縮小するのである。子どもは、自分の存在を両親にありのままに受け入れてもらえず、彼らの要求に応えるときだけ愛情をかけてもらえることを学ぶので、両親を恐れるようになり、「両親の思い描く像」に自分を合わせる。その際、子どもは、両親の期待に観念的に応じることと、現実の親の行動をあるがままに受け入れることの両方を、自分の意識の中で統合できず、その結果、子どもの心に分裂が起こり、真実を意識から消し去るようになる。

すでに述べたように、親の期待に「観念的に」応じることとは、子どもが受ける恐怖の大きさに左右されるのだが、恐怖が大きいと、母親や父親との同一化に導かれる。第二次世界大戦後、ある研究チームが、父親の権威に関するドイツ人の見解について調査した。私はここで、参加者の一人の言葉を引用したい。「まだ小さかった頃に、私たち兄弟は、父に対して特別な敬意を抱いていました。ある時、父は私に、材木の山からジャンプするように命じました。私はそのとおりにし、足を捻挫してしまいました。父は私のところに来て、頬を平手で打ちました。父は、非常に厳しい人でした。父は私たちを愛していましたが、決してそれを態度に表わすことができなかったのです。それは男らしい謙遜さからでした[52]」。ここでは、ほんとうの事実とは合わないのだが、父親が愛する者として理想化されている。

＊16　過保護下で、不安や恐怖から逃れようとして起こる自己喪失　一般に、子どもは、親の過保護、過干渉のもとで、自己を防衛するため、不安や恐怖を身体的症状に転換し、その結果、身体に機能障害が現れ、場合によっては立つことや歩行が困難になることがある。ここでは、親の期待に自分を合わせようとして、ありのままの自分を受け入れられなくなる子どもについて語られている。

〈見せかけ〉で判断する有権者

すでに述べたように、子どもは二つの仕方で、自分自身と両親を同一化する。一方で、両親の見せかけの態度を一つの真実として受け取っている。もう一方では、観念の次元ではなく、現実にある真実をありのままに受け取っている。子どもは、またいずれ大人も、「見せかけ」を「救い」をもたらす現実」として思い込み、「真実」は、彼らにとって「自己を守らなければならない、もやもやとした不安の核」となる。どの民主主義的な社会であっても、この現象の中に、危険が横たわっている。つまり、もしこの見せかけを重視する偽りの現実が人間の心に刻み込まれるなら、私たちは、力と決断力と自信にあふれた見せかけの政治家によって支配されるであろう。そして、「ありのままの真実を受け入れることにひそかに不安を抱く人」は、「真実をありのままに表現する人」に怒りを表明するだけではない。不安は、その上、「見かせけによって不安から解放してくれる、権力者による救い」を期待するように強いるであろう。ここで大人は、

「見せかけの態度を取る権力者に服従している間は、不安と責任から解放される」という、従来と何も変わらない考えを繰り返すばかりである。

実際の選挙の際、このような仕方で、つまり事実や首尾一貫した論理によるのでなく、立候補したほんとうの動機をごまかす役者の見せかけの業績が並べられることによって、「投票」が行われる。つい最近、選挙の際の政治的な選挙行動に関する研究が公表されたが[53]、その内容は、見せかけの態度に関する私の臨床経験からも証明できるものだった。もし候補者の「顔の印象」が、つまり「見せかけの態度」が決め手になるのであれば、選挙の際の理性的な考察は、従属的なものになる。そのような指導者にさらに力を与えるのは、「実際に存在するのだが、誰も明示できない漠然とした不安」を解消するために、「目に見える目標」を作りあげる能力である。つまり彼らは、「敵対者」のイメージを作ることで、人々の漠然とした不安や恐怖心に、形や表現を与えるのである。こういう理由で、指導者たちは、最悪の事態を描きながら権力を身に着けていく。

カリフォルニア大学のジャーナリズム学の教授であるマーク・ダナー[54]は、ジョージ・W・ブッシュが再選を果たす選挙の三日前の演説について、次のように書いた。「……事実がどうであるかが問題なのではなかった。大統領は人々のいるところに世界観を提示した。それは、完全なものであり、調和のとれたものであり、すべての要求を満たすものであり、すべてを保護するものだった。それによってほんとうの事実はどうでもよくなってしまった。オーランドのスタジアムで彼を応援する何千もの人たちは、明らかに一つの選択肢をつきつけられた。それは、事実をそのまま受け入れるか、それとも事実に反する『澄んだ、心地よい世界観』を支持するかの、どちらかであった。彼らは『事実』を見ないことを選択した」。これはいかに人間が、真実ではなく、「見せかけの言動」に関心を持ち、耳を傾けるかの一つの例である。

戦争は、偉大なものや、権威、「男性的」な強さに固執している人間の、相互の作用によってのみ可能になると、私はすでにこの書物の最初の部分で指摘した。先に述べたように、この固執は、早期の子どもの頃に「自分自身を疎外することによって生じた苦しみ」を否定したことに由来する。私はここでさらに、実際には支配を拒否し反対しているのに、どうしてそれに気づかず権威に固執し、そこから逃れられないでいるかについて述べたい。ここでいわゆる「68年運動」の代表者たちのことを考えてみたい。かつて彼らは、支配構造に反発し、社会の変革のためにラディカルに闘った。今日では、その人たちの多くが権力のある人間に転じ、偉大なものを追求する原理――それはかつての原理とは異なった装いをしているが――に生き、またその原理を広めようとする権威者になっている。

二〇〇五年の夏に、ドイツの週刊誌『シュピーゲル』(55)は、ドイツの若者の間に新たに起こっている「異質なものに敵対的な文化」について、報告している。それは、「68年の社会主義者たち」を父や母に持つ若者が、右翼運動に関わっているという驚くべき事実を明らかにしている。かつて彼らは、左翼的な両親のもとでリベラルな教育を受けたにもかかわらず、その後、両親のもとを去り、ヒトラーに「敬礼」しているのである。

権威主義的な政治的見解に反対するだけでは、権力の刷り込みから自由になれない。権力の影響から自由になるためには、自分の子どもの頃の苦しい経験や、結果として抑圧者と同一視した自分自身から、自由になることである。「68年運動」のその当時の多くの若者にとっては、結局、両親との権力闘争が目的であったということであり、ほんとうの固有な自分の存在の獲得が目的ではなかったのである。彼らは、両親や階級主義的なその当時の生活モデルと、結びついたままだった。そして、気づくことなく、それを自分の子どもたちに引き渡してしまった。この両親たちは、子どもに、信頼できる心の骨組みを引き渡すことができなかった。なぜなら、権威に批判的である彼らの自己像が、矛盾していたからである。子どもたちはそれに反抗し、権威主義的な信念を主張することで両親たちに復讐しているのである。

ほんとうの強さは権力を必要としない

私たちのすべては、自分にも尊厳と価値が等しく認められており、偏見を持たない正直な人間であると思っている。しかし私たちは、ほんとうはひそかに、権力やお金や知識という「勲章」に、敬意を払っているのではないだろうか。もしそれらが私たちに注目し価値を認めてくれたら、それを誇りにしないだろうか。

過去に決別し、その影響を振り切ることは、極めて困難である。多くの人は若い頃に両親に反抗するが、成長していつか自分も両親と同じようになるとは理解しない。私自身、若かった時、さまざまな仕方で権威に立ち向かった。私は、相手を決定するような思い上がった人間を軽蔑した。私はデモに参加し、チラシを配り、左翼団体に加わった。それにもかかわらず、ある日、私は、よりによって私が批判している人たちによって、私の思想や分析が認められ受け入れられることを望んでいることに気づかされた。とんでもないことに、私は自分が敵対していた人々の同意を、求めていたのである。同時に私は、志を同じくする人々に対する私の態度が、その時々において、いかに相反するものであるかに気づかされた。もちろん、私たちはいっしょになって活動していたのだが、私は、彼らをどこかで信用していなかった。そして、私たちの間でも、権力闘争が進行中であると感じた。私を指導者にしたいと考える人たちがいたが、そういう理由で私は断った。私は、権力や力による支配には、まったく関わりたくないと思った。もし指導者となった場合、私は「他者のために何かを与えなければならない人間」としての自分を、受け入れられなくなってしまうであろう。なぜなら、権威者と同じ「権力」を、私自身が認めることになるからである。

たとえ若い反抗者であっても、自分の理想を裏切り、権力や所有をめぐる「大人」の序列に加わるなら、反抗している相手と同じことになる。権力はまずは、偽りの安心感を与える力として感じられ、とても魅惑的である。しかし実際は、他者を抑圧することによって優越感を得させるものである。権力を持つことは、内面的なほんとうの力強さとは何の関係もない。「ほんとうの力強さ」は、悲しみや苦しみの経験を通して生まれてくるものである。また、悲しみや苦しみを経験することによって、「自分自身の内面の状態に基づく安心感」が、つまり「私たちが弱さや無力さを感じても、内面的に一貫性を保つことができるという安心感」が得られるのである。

「自分自身としてありのままに存在すること」を基礎に置くほんとうの強さは、子どもの頃に苦しい体験をした際、愛情に満ちた人に支えられていることによって、成長させることができる。そのように共感し、思いやりのある態度でともに生きる人がいて、支えられることによってのみ、子どもは自分自身の苦しみを体験でき、その苦しみを「殺さなくてよい」という生き方ができるのである。この経験によって永続的な強さが生み出されるので、他者との競争による偽りの強さを繰り返し証明する必要がなくなる。このような内面的な強さは、その上、他者としっかり関係を保つために共感し合う能力の基礎である。そして、共感する能力こそが、私たちの内的な強さをさらに強める。私たちはこのようにして、「他者に何かを与えることのできる人間」になること、つまり「利他主義」こそほんとうの力の源泉であると知るのである。

支配者の〈架空の世界〉

人生の現実には、喜びと苦しみ、成功と失敗、満足とあきらめがある。男性こそが偉大だ、という考えを持っている人間は、自分自身のために日の当たる面だけを必要としている。彼らは、悲しみや苦しみが襲いかかる日の当たらない面では、自分自身が脅かされるので、それに向き合うことができない。このような自分で作りあげた現実のイメージを押し通すことを、権力は可能にする。ジョージ・W・ブッシュの政治顧問は、インタビューの中でこのように語った。「私たちは世界の権力そのものであり、私たちが行動するとき、世界の現実を作り出す……。私たちは歴史の主役である。他のすべての人たちは、私たちがすることから何かを学ぶだけである」[56]。ここでは、権力が、自分たちの「真理」を作り出す。そして、私たちは、見せかけの輝きと偉大さに注目しているうちに、ついに、この偽りの真理こそが現実以外の何ものでもないと信じるようになる。

フォルクスワーゲングループの役員を務めていたダニエル・グドゥヴェール(57)〔一九四二―。フランス生まれ。ドイツで活躍中の企業コンサルタント。著述家〕は、一九九六年に退職した。それは彼がこの輝かしい世界で生きることを、これ以上、望まなくなったからである。彼は次のように書いた。「権力者は、自分が身につけている重い金の王冠が何を意味するかについて、ほとんど何も知らない。王座についている限り、雇用者との関係には何の問題もないように思っている。権力者は、すべて自分の力で成し遂げたことだと信じ、人々の暮らしの現実からますます遠ざかる」。

悲劇的なことは、私たちのあらゆる日常生活に、とりわけ政治や経済の世界に、この人工的に生み出された「架空の世界」が影響を与えることである。そこでは、人格的な結びつきがビジネスと同じように扱われる。私たちは自分の輝く部分を際立たせて、市場に売りに出すようになる。つまり、外側を魅力的にし、社交的で行動的だと見せかけようとする。私たちはお世辞を言って、自分を重要だと感じさせるように他者に取り入る。その際、私たちは、より大きな感情、より大きな誠実さだと見える身振りで、演技することを心得ている。自分を市場に売り出すことによって何を失うのかに気づく人、つまり、ほんとうの自分はどのような存在であるかに気づく人は、ごくわずかである。

ダニエル・グドゥヴェールは、この事態を、独自な存在としての「私」の崩壊と書いている。なぜなら人間は、自分とは異質な役割に自分を合わせて演じることによって、自分のほんとうの感情とのつながりを切ってしまうからである。このことは、私たちすべての者に、破壊的な結果をもたらす。見せかけの態度をとる人間は、ただ一つの目標しか知らない。それは、常に権力や偉大さを望む、ということである。地球規模で経済や政治を発展させようという今日の動きは、すべてのものの上に自分を置き、すべてのものを自分に関連づけようとする破壊的な情け容赦のない衝動を表したものである。ヒトラーがすぐにも侵略戦争を始めようとして、自分がただちに権力を握るべきだと叫んだ時、この狂気が明らかにされた。(58)

〈真の自己〉と〈偽りの自己〉

ヤン・フィリップ・レームツマ〔一九五二年―。ドイツの社会学者、評論家〕は、『地下室にて』[59]という手記の中で、一九九六年に、誘拐犯に監禁された時の驚くべき経験を描いている。[*17] 無力さと屈辱、苦痛の中で、「人間の内面には、しっかりした核になるものは何も存在せず、完全な無力状態に置かれると、何の解決策もない」と確信を得たということである。レームツマはここで、「もし人間が、自分の命のために、意のままに力を発揮できる状況にあれば、その人は自分を失うことはないという考えは、根本的に間違っている」と指摘した。むしろ抽象的な誇大な妄想や、英雄的な見せかけの態度を崩さず自己同一性として保っている人こそ、このような極端な条件のもとで自己喪失に陥るのである。そのような人間は、自分を男性的な幻想の中に閉じ込めており、共感、痛み、苦しみを、弱さだと解釈している。そのような人間が逃げ道のない危機的な状況に陥ると、見せかけの強さは崩壊し、自分を保てなくなってしまう。

レームツマは、このような状況の中で自分がどうなったかを、次のように三人称で描いている。「彼は、誘拐犯がそのうち、彼をなぐさめるため彼に触れ、肩に手をかけてくれるに違いないと想像した」。彼にできる唯一のことは、よりにもよって自分を苦しめている誘拐犯を理想化し、そのことによって救われると希望を見いだすことだった。マルセル・プルースト〔一八七一―一九二二。フランスの作家〕は、「愛が虚偽によって挑戦を受ける世界の中で生きるために、どうすれば勇気を持てるのか。また苦しみをもたらすものから、苦しみをやわらげるものを得なければならない世界の中で、どうすれば勇気が持てるのか」、と問いかけている。私がこの関連でもう一つ引用したいのは、ナイジェリアの作家、ノーベル文学賞受賞者のウォーレ・ショインカ〔一九三四―。ナイジェリアの劇作家、詩人、小説家〕の文章[60]である。彼自身も独裁者ヤクブ・ゴウォン〔一九三四―。一九六六―七五、軍人国家指導者〕の時代に、強制収容所にいたことがあった。彼は、「囚人は突然、自分に語りかけた。被造物にすぎない人間が、私を救えるはずはない。それゆえ、あいつは、私を（精神的に）破壊することもできない」と書いている。

子ども時代に自分自身として生きることが許され、悲しみや苦しみとともに生きることを学んだ人間は、その中に「私」が基礎づけられているので、たとえ孤立無援な状況に置かれても、人間としての尊厳を保ち続けることができる。それに対して、見せかけの態度にしがみつく人間は、無力さや屈辱に合うと、存在の確かさを、根本からゆさぶられる。私はこのことについて、ダライ・ラマ（一九三五―。チベット仏教の最高指導者）が語っていることに賛同する。「今日、私たちが文化的に理解する自己は、人工的な自己にすぎない。なぜなら自分の外部の作用に基づくものだからである」[61]。私たちは、「無私」の状態に達するために、男性の英雄神話という抽象的な理想から、自分を切り離すべきである。「無私」であることは、権力、業績、身体的な美しさ、競争、知的な輝きによる偽りの自己を放棄することである。偉大さへの幻想ではなく、他者と苦しみを分かち合い、他者に愛を広げていく能力、つまり共感こそが人生に意味を与えるのである。

＊17　レームツマ誘拐事件　ヤン・フィリップ・レームツマ（当時四十三歳）は、ドイツのタバコ企業レームツマ社の創業者の孫で、一九九六年三月二十五日に、ハンブルクの自宅から誘拐された。約一カ月後に、無事に解放されたが、身代金三千マルク（約二一億円）が奪われた。犯人は後に逮捕されたが、身代金は一部しか返却されていない。なおレームツマ社は、その後、外国企業に買収された。

〈正しくある〉ための努力

自分の成功や偉大さ、優秀さを定義するのが自分自身であるとしたら、それは、その人の日常生活にどのような意味を持つのであろうか。階級社会の中で自分の占める地位が、人間として価値あるものか、無価値なものかを自分で判断しなければならないとしたら、どうなるのだろうか。それはまさに、「成功、地位、正しさのイメージに自分を合わせなければならない」という強迫のもとに、常に立ち続けるということである。そのような人間に、落ち着きやおだやかさはない。彼らは、永遠に緊張の中にいることになる。常に我慢し、闘わなければならない。なぜなら、次の曲がり角で敗北するかもしれないからである。実際にそういうことになれば、破滅してしまう。見せかけの態度や役割を演じることがうまくいかなくなれば、そのような人はすべてを失ってしまう。職業上の地位を失い、社会的な身分がなくなり、……すべてに悲劇的な結末が待ち構えている。

これらの人間の「自己」は、絶え間ない他者からの承認と称賛に左右される。非の打ち所がなく強いという外面的な見せかけは、自分自身への疑いや恥辱という測り知れない深淵に引き込まれないための、唯一の拠り所となる。今日のブランド製品のデザインや、流行、モードを手に入れることも、この関連でよく考えてみる必要がある。人気のスタイルの服装をし、本物の音楽を聴き、流行語を意のままに用いる人は、自分と同じ生き方をする人たちに、少なくとも嫌な印象を与えないようにと、自分自身を守ろうとしているのである。私たちは、そのように「正しくある」ことで、保証を得るのである。なぜなら、ありのままの自分への信頼がない人は、「正しくある」ことが重要であり、そのことによって内的な虚無を恥じたり拒否したりする必要がなくなり、自分を守ることができるからである。

このような生き方が、「見せかけの態度を維持することで疲れ果ててしまう、外側を操る生き方」であると気づく人は少ない。このような生き方は、「正しい」行動を好んで評価する私たちの文化にも守られている。子どもは早い時期に、大人の期待に合わせ、「あるがままの自分の存在」によっては得られないもの、つまり思いやりや受容を手に入れることを学ぶ。こうして、「苦しみや怒りを含む自分のほんとうの感情」は受け入れられず、次第に、ほんとうの感情を、「期待された外向きの感情」に置き換えるようになる。私たちは、自分自身の「俳優」となるため、もはやほんとうに共感して他者と出会うことができず、むしろ効果を狙って操作を加えたものまねの外観を示して、他者と出会うようになる。そのようにして私たちは、「他者と共感しながら真実を受け入れること」ができなくなるので、他者が感情をごまかして私たちを操作しても、それに気づかない。

見せびらかすことで成り立つ劇の「俳優」は、自分たちの演技を、ほんとうの現実と見なすようになる。なぜなら「正しい」行動は、自己愛の根拠でもあるからである。その際、自己欺瞞は、ますます強化され、同時に、常に湧きあがる内面に潜む不満足感や疑念を静めるために用いられる。そのような人間は、もしこの人工的に練られた自己像が、疑いを持たれたり批判されたりすると、たちまち怒り出し凶悪になる。彼らは、自分が見てほしいと思うように他者が見てくれないことに、我慢ができない。「男らしさを誇りとする男性は、ほんとうは弱く臆病である」と指摘しても（実際、そうであるのに）、まったく聞く耳を持たない。

怒りや暴力行為によって明らかにされることは、そのような人間の内面に、憎しみの貯水池があるというだけではない。それらは、その人間がどれだけ弱いか、どれだけ自分を軽蔑しているかを示している。このことが、「実際にはあこがれていた共感や愛」の代わりに、「見せかけ」を手にしたすべての人々がたどる運命である。

変わることは不可能でない

俳優で五十三歳のミッキー・ローク*18〔一九五二―。米国の俳優、元プロボクサー〕は、ドイツの週刊紙『ツァイト』に、「私には夢がある(62)」という文章を寄稿した。私はロークを、かなり以前から好感の持てる人物として覚えていた。彼はかつて、映画で演じたのと同じ役柄を、彼自身の人生で実際に演じていた。つまりすぐ暴力的に爆発したり、放縦にふるまったりと、社会的に協調性のあまりない人間を演じていた。それだけに一層、私は、彼がこの何年かに見せた明らかな成長に驚いた。彼の文章の中に、私がこれまで述べてきた多くのことが描かれているので、ここでいくらか詳しく引用したい。ミッキー・ロークはこのように書いている。「なぜ多くの修道士が質素な生活をしているかを、私は、今になってやっとわかりました。それは彼らが質素な生活以外のすべてを、『幻想』と考えているからです。読者は、この幻想が、自分を助けると考えているのでしょう。でも幻想があなたを助けることはありません。私はこのことがわかるまでに、長い時間がかかりました。私はかつて、自分の大部分を何も変えたくないと考えていました。自分がそうでありたいと考えるような私でありたいと望みました。私は、私の心、身体、全生涯を『荒っぽい』イメージに仕立てあげました。そしてそれが誇りでした。なぜなら、私がそもそも『男』だったからです。……でも、そうするうちに、私は、自分自身が持つイメージを追い求めるより、自分自身に誠実であるほうが重要だと気づきました。もしそうしなければ、あなたも実際の自分のありのままの姿を、いつも恥じるようになるでしょう。私は、内面ではいつも、自分を防衛できないくらいの小さな手を持つ、まったくの小心者でした。しかもそのような私にとって、力は、特に身体的な力は、最善の解決策にはなりませんでした。身体的な強さはそれどころか、いつ弱さに変わってもおかしくないものです。特に戦争がないときや、あるいはフルタイムの格闘家として働いていないときに、そのことがはっきりします」。

ロークはさらに書いている。「かつて私は、怒って眠りに就き、怒って目を覚ましました。怒ってばかりいる人は、許すことのできる人のような強さを持っていません。いつも怒っている人より、しあわせに生きられる人のほうが、はるかに強いのです。このことを、人は次第に学びます。しかしまったく学ばない人もたくさんいます。かつての私の強さに対する考えは、街角から学びました。そこでは、名誉を得ることが最大の功績でした。私の妻が私のもとを去った時、彼女は言いました。『あなたは朝、目を覚まして感謝することはできないのですか。あなたが健康であることに……。鳥が歌い、空が青いことに……』」。一人でいることは、彼にとってもっとも難しいことだったが、そうなってしまったと、この俳優は告白した。「ほんとうに変わることが、唯一の可能性です。もし私たちが苦しみをありのままに感じることができれば……。自分のまわりに、苦しみを引き受けてくれる人が誰もいなくなったとき、初めてこのことが分かるのかもしれません」。

さて、内面に無力感を抱いている子どもや、その子どもの苦しみに私たちが向き合うためには、たくさんの勇気が必要である。このことから、私たちが普通「勇気がある」と考えるものは、ほんとうは臆病であることがわかる。また「暴力」とは、常に、私たちの中に子どもの頃から潜んでいるほんとうの苦しみから、逃げ去ることであることがわかる。苦しみに対する不安はとても大きく、多くの人は、苦しみと対決するより、自己破壊への道を好んで受け入れる。

私たちの文化では、子どもの頃に受けた傷が、人より大きくても小さくても、程度に差こそあれ、誰もがこの問題に直面する。支配や暴力は、多くの人たちが日常生活の中で苦しむ関係性の破壊と同様に、この子どもの頃の苦しみに由来する。対等なパートナーに自分を開くということは、見せかけの行動をやめ、ありのままの気持ちを表すことである。しかしその際、またもや顔を出してくる苦しみや劣等感に、向き合うことのできる人はわずかである。次の例は、自分の感情を拒否した結果、男性的な英雄神話と自分とを同一視し、それがやがて「死」への衝動にまで至ったことを示すものである。

＊18　ミッキー・ローク　二〇〇八年に開催された第65回ヴェネツィア国際映画祭において、主演作の『レスラー』が最高賞に当たる金獅子賞を受賞。五十三歳とあるのは、週刊紙（新聞）「ツァイト」が発売された時の年齢。

戦争が生命を高揚させる（クララの場合）

「大好きなお母さん。何て奇妙なことでしょう。こんな不幸な一九四五年にも復活祭*19がやってくるなんて、何と不思議なことでしょう。私たちを守っていた軍事拠点は、もうなくなってしまいました。でもまだ時間が残っています。……勝利か、死か！　私たちは最後に、まだ何かできます。私たちの暮らしは、今のところ、それなりに美しいものです。お母さんが信じなくても、想像できなくても……。春はこんなに美しいのです。戦闘が間もなく始まるでしょう。そして、生命はすべて、高められるでしょう[63]」。

二十四歳のクララ・Sがこの手紙を書いた時には、彼女の運命はすでに決まっていた。クララ・Sは、ヒトラー側近によって作られたサークルのうちの一つである「ドイツ少女連盟」の女性指導者だった。ある日、クララ・Sが滞在していたポーランドのシュテッティンは、パニックと混乱に陥った。ロシア赤軍がシュテッティンの町を囲む城壁の門に迫った時、ドイツ国防軍は、その町を見捨てた。ほとんどの女性と子どもたちは町から去った。しかし総統〔ヒトラー〕に献身的に服従していたクララは、彼女がずっと探していたものを見つけた。それは偉大な課題、英雄的な目標だった。彼女のまわりで多くの人間が殺されたという事実もまた、彼女の生の感覚の高揚を妨げることはなかった。彼女は、これで自分が終わりを迎えると知っていたが、それにもかかわらず母親に次のように書いた。「私は、今までになかったほどの自信にあふれています。それは思い上がりではなく、仕事の喜び、長い間あこがれていた多くのものに満たされる充足感です。どんな人でも、私たちより高貴に生きることはできないでしょう」。

ここには、若い女性が英雄神話によって、何を得ようとしたのかが表わされている。死への崇高な陶酔の感覚が、「ほんとうに生きること」であると解釈されている。死は、そのような人間に、もっとも大きな安心を約束する。なぜなら死は、疑いで悩むことや、未熟であることの劣等感から自分を解放するからである。これは、たとえ女性であっても、男性的な神話を拠り所とする者に、あてはまるのである。

＊19　一九四五年の復活祭　キリスト教の復活祭は「移動祭日」であり、日付が毎年、異なる。一九四五年の復活祭は四月一日だった。ドイツでは、敗戦が近づいていた。ちなみにドイツが降伏したのは、五月

八日だった。なお、この手紙は、二〇〇五年四月二十一日付けの『ツァイト』に掲載されたスザンヌ・ヴィボルクの「クララの没落」という記事の中で紹介されたものである。しかし同記事には、この手紙の原文の所在や、「クララ・S」という人物についての詳細は書かれていない。

〈救済〉としての死

共感をもっとも強く軽蔑し、強さや偉大さを求め、男性的神話をやむことなく信奉するイデオロギーが、ファシズム思想であることは偶然ではない。「ファシズム」は、どのような形であれ、すべて死を美化している。そのため、ファシズム思想は、感情的で熱狂的な信奉者を見つける。そして、「死」を英雄的な救済として魅了し、それを好む多くの人たちを感動させる。それゆえファシストのイデオロギーは、破壊的な目的のために、いとも簡単に男性や女性を獲得する。ところがもし、救済の必要性がなければ、ファシズムがこれだけ成功することはなかったであろう。今日において自爆テロリストを死に追いやる熱狂は、このような背景に根を持つ。

死へのあこがれは、今日では、以前の時代と比べて、決して強力に形づくられているわけではない。しかしながら、死へのあこがれを実現可能にするための方法が、変化している。相手を破壊するための戦争の技術の多様さは、驚くほど増し、同時に、戦争行為が死を目ざしているという事実も、メディアの操作によって上手に覆い隠せるようになった。その際、戦争を遂行する動機がますます高貴になり、戦争を扇動する者の背後にある殺人の快楽を隠すものとなった。自由の名のもとに繰り広げられる戦争が、まるで神のための進軍のようになされるのである。

偽りの感情（〈正しさ〉を演じること）

私たちは、「偽りの感情」に惑わされてはならない。ナチスでさえも、殺人における内的な苦しみを語ることは、ためらわなかった。ナチス親衛隊の帝国指導者であったハインリヒ・ヒムラー〔一九〇〇―四五。親衛隊全国指導者、警察長官、内務大臣等を歴任〕は、一九四三年十月に、親衛隊の各グループの指導者に、ユダヤ人絶滅を遂行するにあたり、次のように述べた。「お前たちのほとんどは、もし百の死体がいっしょに並んでいたら、あるいはもし五百の、千の死体がそこに並んでいたら、それがどういうことかわかるようになる。その際――もともと弱い者は例外として除いて――、これを耐え抜き、立派であり続けることが、われわれを鍛えてくれる」(64)。

ここには「何か恐ろしいことをする」という意識が、まだどうにか残っているが、その意識は、見せかけのために捏造された感情の中心に常にある「自己への憐れみ」に向かっている。この自己憐憫は、自分が他者に与えている苦しみを、共感する心を持って真実に受け入れることを妨げる。しかも犯罪者に、自分の行為が正当だという感情を抱かせる。ヒムラーは、実際に被害者を「加害者」として、加害者を「被害者」として登場させるという巧みなやり方で、殺人の正当化に成功した。この皮肉なすり替えによって、殺人者は、被害者みずからが加害者に強いる残酷な行為に、英雄的に立ち向かうように呼びかけられた。このようにして、まだためらっている者から最後の迷いが追い出された。殺人が正当かどうかの疑問は、こうして、抱くべきではないものとされた。ただ問題として最後まで残ったのは、執行者が自分の内的な苦しみや弱さを取り除く力を、出せるかどうかだった。そのために達成されなければならないことは、男性的な英雄神話に自分を合わせ、それでもなお残っている人間的な感情を、すべて捨て去る努力をすることだった。ジョージ・W・ブッシュが、イラク攻撃の支援を先進諸国に要請した時、同じ手段を用いた。彼はまた、「テロに対する同盟」に不審を表明する人を、「無自覚な臆病者」、あるいは「いくじなし」と見下した。

殺意があるからといって、ほとんどの場合、それをあからさまな殺人願望として表明するのではない。「正常」で「感情豊かな」人間が、いかに邪悪な行動ができるかということを示すナチの時代の別の例を、私はここで引用したい。一九四四年六月十一日に、ナチスの武装親衛隊は、フランスのオラドゥールで、虐殺を行い、小さな村のほぼすべての人たちが犠牲になった。親衛隊員は、これらのことを平然と成し遂げた。彼らは、男性のすべてを一箇所に集め、銃殺した後に、女性や子どもたちを教会に移動させた。エルンスト・フォン・シェンク〔一九〇四―一九八。ドイツの医者〕は、次のように報告した。「彼らはまぎれもなく善意でそうした。母親は、自分の子どもに、心からたくさんのやさしい言動をしてくれるこれらの恐ろしい男性を、ありがたいと思った。こうして、死の迫ったかわいそうな人々が、すばらしい和解の祭りに行くかのように、彼らに従った。全員がいっしょに集まった時、教会の扉は閉められ、大量殺戮を始めることができた(65)」。そして教会に火がつけられ、二〇七人の子どもと二五四人の女性が焼かれた。

ここでは「善意」と、殺害するための冷酷な準備が、驚くべき仕方で並存しており、これらの人間の親切心がいかに表面的で、無意味であるかを示している。ここで示された親切な感情は、内面に根を持たないので、実際の行動に何の影響も与えない。外側に示された感情は、「正しい」ものであるという理由で役者に満足感を与えるが、演技上の仮面でしかない。そこで問題となっているのは、ほんとうの気持ちではなく、「正しく」見せるということである。このことが、内面性のない人間に見せかけの人間性を与える。

私たちは、オラドゥールで起こった事件が、あの時代の、特別な状況に原因があると考えがちである。しかしそのような解釈は、真相を無視していることになる。背後にあるほんとうの事実関係を知ろうとしない私たちの考え方に、合わせているだけである。私たちは小さい頃から、「見せかけ」を現実として受け入れるように、背後に隠れているものは見ないようにと、訓練されている。そこで、私が良く覚えている、アメリカ合衆国で起こった事件を紹介したい。それは、ある若い女性が自殺した悲劇的なできごとである。(66)彼女は、夕方になる前にダンスに行き、その後、ある若い空軍の将校と夜を過ごした。彼女の父親は、娘の行動に腹を立て、罰として、娘に彼女の犬を銃殺するように命じた。絶望したその女性は、銃を自分自身に向けた。

メディアは報道の中で、親として「最善」を尽くすために罰を与えただけの両親に、大きな同情を寄せた。もちろんその事件は、両親の教育的な対応の結果だった。彼らは、「愛情」からの行動だったと確信していた。しかし実際には、破壊的な衝動を引き起こしたのである。私はここで、精神科医で、精神分析医でもあるハーバード大学のジョセフ・C・ラインゴールドの説明を引用しよう。(67)彼は、母親の感情の研究をもとに、「愛」として経験される感情は、しばしば実際には自己欺瞞の表れ以外の何ものでもないという結論を導き出した。自己欺瞞は、自分のほんとうの感情、つまり憎しみの感情との直面を、避けるために利用される。

すべては自分の都合のため？

暴力は、私たちの日常生活の一部になっている。暴力は、職業生活や、異性との関係、さらには動物や自然との関わりに、また同様に子どもの教育にも大きな影響を与えている。それにもかかわらず私たちは、その破壊的な意図については、目をそらしてしまう。それは、見せかけの「善意」によって、私たちが騙されているからである。私たちは、自分たちの利益に反して作られた政策を受け入れてしまう。なぜならそれが、私たちにとって「最善」だと思わされているからである。それは、私たちにとって何が「善い」ものかをよりよく知る能力を、権力者が持っていると承認しているからである。たとえそれが、私たちの自立した市民としての自己像に合わなくても、私たちは受け入れてしまう。私たちを抑圧した両親の理想に引き戻す「成功」や「力」、「偉大さ」を称賛することは、私たちを常に、偽りの神々を信頼するよう、その神々の企てに屈するようにと、繰り返しそそのかす。私たちは、政治や経済の指導者層が、お互いに嘘をつき騙し合う恥ずかしい態度に驚く。それは、そのような地位にいる人が、そもそも賢く非の打ち所のない人だと、思い込んでいるからである。その際に私たちは、そのような考えが希望的観察にすぎないこと、それが子どもの頃までさかのぼる「現実の拒否」に起源があることに気づいていない。

真実を直視することは、とてもむずかしい。なぜならそれは、権力者や、現実に関する権力者の定義と、争うことを意味するからであり、両親の規範や、自分もすでに身に着けてしまっている両親の偽りの真実と対立することだからである。しかし何よりむずかしいのは、それが、自分自身がすでに現実に屈服していることや、自分自身が自己欺瞞的であること ―― 当時も今も ―― に目を向けることだからである。

私たちがもし、それを解決するために両親を加えるなら、子どもの頃の絶望的な孤立感や無力さから自分を救い出すことは、ほとんど不可能になる。自分自身の早期の体験に向き合うことは、自分自身の生存の構造に逆らうことであり、両親に抑圧されたときに生じた深い苦しみを、再び経験することである。私たちは、そこで必要とされる大きな精神力を、一人で手に入れることは決してできない。愛情を持って深く理解できるパートナー、相手の身になって感じることのできる精神療法師、あるいはパスカル・メルシエ[68]やヤコブ・ヴァッサーマン[69]〔一八七三―一九三四。ドイツの作家。ユダヤ系〕などの、このことをよく理解している作家の書物が、これらの深い傷に向き合うことを助ける。

私たちは、外側のすばらしさに気をとられ、私たちの偽りの自己像は、「私たちの世界に永遠の平和を実現するために、何を知る必要があるのか」と考えることを妨げる。つまり、私たちの自己像は、「私たちの文明の構造そのものに破壊的な傾向があり、私たち一人ひとりは、その文化に特有な社会化によって規定されている」と認識することを妨げる。私たちは社会化の過程で、意識的であろうと無意識的であろうと、「自分の価値は、他者よりも優位に立つことだ」と教えられる。そこでは、虐殺すること、人を見下すこと、人から奪い取ることが、幸福の源となる。

しかし、それとはまったく異なる文化も存在していた[70]。たとえばアメリカ先住民のポーニー族は、子どもたちに、単純な原理に従って生きるように教えた。それは「あなたの隣人に、決して苦痛を与えてはいけません。なぜなら、あなたが出会った人は他者ではなく、あなた自身だからです」という教えだった。この部族ではまた、ともに生きるために厳しい掟が作られ、すべての人たちが守るように要求されていた。しかしこの規則を、暴力によって押し通すことは決してなかった。一人ひとりが、自分自身の裁判官であった。他者が自分を判断することが彼らの人生の基準ではなく、自分が自分のことをどう感じるかであった。子どもと両親の関係は、お互いの受け入れ合いに基づくものだった。そこには権威的な態度はなく、罰もまったく存在しなかった。そのような誠実と信頼が、これらの人間の性格の基本を組み立てる土台であった。観察者は、先住民が白人に征服された時、不安だけでなく憎しみも示さなかったことに驚いた。そして、この「文明化していない」人々が、嘘や偽りを知らず、白人の悪知恵や騙しにまったく抵抗できないということに気づいた。彼らの言語の中に、そのような行動の仕方を表す言葉が、一つもなかったのである。

基本的な信頼関係

もし人間が、もっとも早い時期の父親や母親との出会いの中で、安心感を持ち、受け入れられていると感じるなら、人間としての深い「基本的な信頼関係」を発展させることができる。こうしてこそ、自分の独自の存在の中で落ち着き、他の人間に不安や敵意を抱かずに出会える自己が生まれる。このような人間は、あるがままの誠実さを持っている。彼らは、自分自身に対しても、相手に対しても、偽って信じさせる必要がない。それに対して、否定的な雰囲気の中で成長し、精神的に生き延びるために、愛と保護を受けているかのように空想しなければならない子どもは、架空の世界に信頼の基礎を置いて自己を発展させる。このような子どもは無力状態の中で、少なくとも両親に守られ、受け入れられているに違いないという幻想を必要とする。そして、そのような人間は、内的な自己の確かさに根ざす、持続した「基本的な信頼関係」を、発展させることができない。彼らの「基本的な信頼関係」は、自己欺瞞に基づくものである。

そのため彼らは、一生の間、不安感や不信感の中で、彼らの環境と出会うことになる。そして同時に、見せかけの世界の中で、彼らに安全を与え方向を示してくれる支えを探す。もしこれがぐらつくなら、「基本的な信頼関係」も、また同時に崩壊する。そこから生じる動揺によって、彼らは他者に対して、冷ややかで、辛辣で、残酷であって当然だと感じるようになる。

このような人間は、「優越」「成功」「男性的な強さ」を誇示することに心を奪われた人間と、簡単に演技することができる。一方、幻想を問題にし、錯覚を暴く批判者に対しては、怒りやすく、攻撃的になる。このように独自の自己を持たない人間は、常に危険である。なぜなら彼らの内面には、大きな潜在的な怒りが潜んでいるからである。架空の世界に裂け目が入るや否や、吹き出す恐れがある。外の環境が安定している限りは、平穏な日々を過ごすことができる。しかし、外の骨組みが揺らぐとき、彼らの破壊的な衝動が表面化する。住民虐殺や、集団殺戮は、間違った成長が表面化したものである。

社会的な危機が過去の怒りを呼び覚ます

テロリズム、失業者の増加、社会的サービスの削減は、近年、多くの人々に動揺を与えている。人生の早い時期に「基本的な信頼関係」を破壊された人たち、自分の内面に未来への確信を思い描くことができない人たちは、特にこのような動きにおいて、深い心の動揺を経験する。だから、不安や暴力が増加するのは、不思議ではない。同時に、国民の団結を求め、強い指導者を求める叫びが、再び聞こえるようになる。ほぼすべての先進国で、政治的に右翼的な方向に歩みつつあるということに、私たちは気づかされている。最近の調査で明らかになったことは、三分の二のドイツ国民は、自分や国家を不確実性から導き出してくれる強い指導者を望み[71]、四割の人たちは「強い愛国心[72]」を持つことを願っている。四人に一人は、外国人による過度な影響を恐れ、五人に一人は、ユダヤ人がドイツに大きな影響を与えていると考えている。

もし外側の支えが崩れ落ちるなら、内側に核のない人間のもとにおいては、子どもの頃の傷口が再び開く。内面に眠っていた古い恐怖が目を覚まし、それとともに、あらゆるものの中に溶け込んでいた怒り、抑圧されていた自分自身の怒り、支配や適合や従順によって生き延びてきた怒りが、再び目を覚ます。このような人間こそ、せき止められた怒りを爆発させる可能性を持っている。彼らの攻撃性は、彼らを取り巻く環境が平和共存を尊重している限り、タンスの中にしまい込まれたままである。しかし社会的な緊張が、「蓄積されていた暴力が放出される機会」を高める。

扇動家、戦争の遂行者、「憎しみを宣教する者」にとって、そのような人間は意のままに扱うことができるので、その犠牲者となる。なぜなら、この世のいわゆる「権威者」が、イデオロギーによって彼らを武装させ、彼らの攻撃性を、「正当な」敵対者に向けるように仕向けるからである。その際、他者に共感しようとしないこれらの人間は、自分の殺人的な衝動を止めようとしても、もはや方法がない。また、これらの人間は、何も考えず攻撃することができる。なぜなら、彼らの論理に従うなら、犠牲者は攻撃される以外にあり得ないからである。

このようにして、「人道に対する犯罪」が「正義の戦争」に解釈しなおされ、加害者は「善良で選ばれた人間」だと自己理解するようになる。それによって、彼らの卑しめられた自己は持ち上げられ、彼らは、自分に価値があり、自分を重要な人間だと感じるようになる。ヒトラーが、ユダヤ人に対する軍事的な作戦で、多くの自発的な共犯者を得たという事実は、このようにしてだけ説明できる。「悪の枢軸」に対するジョージ・W・ブッシュの戦争も、アラーの名のもとに為されるテロ攻撃も、この心理的な脈絡の中に、根拠を見いだすことができる。殺す用意は、自分の怒りのすべてをぶつけることのできる敵対者を見つけたとき、加害者の内面の衝動によって引き起こされる。劣等感や自分自身への憎しみによる激しい感情は、自分を軽蔑させた性質のすべてを投影できる「敵対者」が、「外部」に存在することで解消される。もちろん人間のこの怒りは、そもそも人生の初期に受けた両親による抑圧に、真の起源がある。この憎しみの感情の解消こそが、攻撃を引き起こす真の原因であり、目的であるが、それはタブー視されている。それゆえ彼らは、このすべての憎しみと、すべての怒りを放出するために、敵対者を自分自身の外部に見いださなければならない。

民主主義的な教育は、啓蒙活動であり、文化間の交流によって、戦争や暴力を効果的に防ぐことができると教えている。この善意の考えは、「人間は、とりわけ理性と合理的な洞察によって導かれる」という信念に基づく。しかし、それ以前の世紀にわたる戦争と比べて、二〇世紀になって、何倍もの人間のいのちを失った破壊的な戦争や虐殺は、この信念が間違っていると証明している。ナチスによるユダヤ人迫害、スレブレニツァ〔ボスニア・ヘルツェゴビナ〕のセルビア民兵によるボスニア難民の大量虐殺、あるいはルアンダのフツ族によるツチ族の虐殺などを考えるとき、常に殺害者は、その行為をする以前に、後に犠牲になる人たちと親密な近所づき合いをしていた。また最近の調査の結果は、ヨーロッパや北アメリカのイスラム教徒の自爆テロリストのほとんどは、西側諸国で成長している。(73) このことから、教育によって殺人を防ぐことはできないことがわかる。多くの、特に残酷なナチス党員は、高等教育を受けた人たちだった。同様に、多くのテロリストたちも、大学で教育を受けた人たちである。

すべての努力が死や破壊へとつながる人が存在することを、私たちは知らなければならない。宗教や世界観、皮膚の色が異なる人たちへの彼らの憎しみは、知識の不足とは無関係である。それはむしろ、かつて幼少期のもっとも早い時期に、彼らの人格が抑圧されたことから引き起こされた、底知れないほどの深い自己嫌悪や怒りに根を持つ。それだから、彼らの破壊的な欲求と殺人願望は、道理にかなう論拠によって克服されるようなものではない。

私たちの誰もが争いに巻き込まれ——自分自身とのたたかい、あるいは他者とのたたかいで——大きな怒りにさらされるという状況を経験している。私たちはそのようなとき、「理性的な対話」に導くことがいかに難しいかを知っている。その経験から、たとえ殺人からほど遠くても、「怒りを常にくすぶらせている人」や、「より強く、より威圧的に、多くの人たちに怒りを向ける人」によって、どのような危険が発生するかを予感できる。

私たちの文化は、人間の内的な経験をおろそかにし、すべての問題は、合理的な思考と論理的な構想によって解決できるという幻想に身を委ねている。市民の健康な精神が、多くの学者や政治的責任者を動かすのではなく、効率や進歩という抽象的な観念が——それぞれ自分の権力を維持するために——現実を動かしている。「この考え方が社会や人間の問題を、どの程度、引き起こすか」という問いについて、この論理的な思考の型の枠内で、明らかにすることはできない。確かに、社会学の研究によって、失業や犯罪の原因、ますます多くなる暴力、劇的に増加しつつある精神疾患の実態を、解明することはできる。しかし問題は、私たちの社会が持つ病理的な構造にあり、それは「虫眼鏡」で観察できるようなものではない。

より多くの財産を所有すること

敵意と暴力の根源は、業績や財産をすべてのものより優先させ、信頼や共感に基づく人間の成長を不可能にさせる「文化」の中にある。社会構造と個人の人生の歩みとが複雑に絡み合う密接な関係を考慮してこそ、「なぜ暴力がいたるところにあるのか」ということを解明できる。「所有」は、権力構造を必要とし、権力構造は、権力者を「よい父親」(あるいは「よい母親」)と見せかける神話の助けを必要とする。この神話は、多かれ少なかれ、「人間の内面を抑圧し、権威者〈親〉の期待に従順に従うことで生じる社会化」によって、私たち一人ひとりに「インストール」される。しかしこのありのままの自己の「切除」こそが、憎しみや暴力の原因となる。

この現象のそれじたいは、新しいものではない。戦争は、何千年にもわたって、暴力で地球を満たしてきた。戦争は、「人間の内面をますますなおざりにし、その代わり財産、支配、偉大さを生活の中心に位置づける高度な文明」の「構成要素」である。私はここで、サミュエル・ジョンソン〔一七〇九―一八四。イギリスの文学者〕という、私たちの文化を鋭い洞察力で観察した文学者の言葉を引用したい。彼はすでに一八世紀に、次のように述べている。「人間が私有財産を手に入れようと熱望し始めた時に、暴力、詐欺、窃盗、強奪が計画されるようになった。その後しばらくして、世界中に誇りや嫉妬の感情が広がり、富についての新しい基準が必要になった。なぜなら、その時まで自分を豊かだと思い、何の不足も感じていなかった人が、〈自分にとって必要なもの〉を自分自身の必要性に照らし合わせて判断するのではなく、他者の有り余るほどの物と比較して判断するようになったからである。彼らは、隣り近所の人が、自分より多くの財産を所有していると気づいたとき、自分を貧しい者と思うようになった(74)」。

私たちの今日の時代は、グローバル化と科学技術の驚くべき可能性によって、発展の頂点に迫ろうとしている。人間の歴史において、富裕層と貧困層を分ける溝が、これほど深くなったことはなかった。「貧困」とは、飢えと悲惨な条件下で生きることだけを意味するのではない。貧困者は、十分な医療の恩恵にあずかれず、短い寿命しか得られず、自分の状況を、教育や仕事によって改善する機会がほとんどない。この客観的な不利益に、さらに決定的な不利益が加わる。貧困であるということは、しばしば「自分が不要で、自分にわずかの価値しか見いだせない」ということを意味する。なぜなら世間一般の考えによれば、人間は「どれほど所有しているか」によって価値ある者とされるからである。

二〇〇五年度の、「ドイツ書籍平和賞」の受賞者であるトルコの作家オルハン・パムク[75]〔一九五二―。トルコの作家、コロンビア大学教授、比較文学専攻〕は、次のように書いている。「裕福な国の富はその国だけの問題であって、貧しい諸国の問題を左右するものではないと、主張する人たちがいる。しかし貧しい人々は、テレビやハリウッド映画の金持ちの生活に強い関心を持ち、それは、その物語の中だけにとどまらない。また、王様の贅沢な生活を描く物語を、貧しい人々が読むこともある。しかし、真の問題は、もっと深刻である。なぜなら、西洋世界の富裕者と権力者は、誤解の余地なく自分たちこそが正しく理性的であると、言い広めているからである」。

このように貧しい人の誰もが、自分がいかに軽視されているか、いかに世界の富の分け前が少ないかを感じている。これらの人たちは、富裕な人たちに比べて、比較にならないほど劣悪な条件で生活していることをよく知っている。しかしそればかりでなく、彼らのほとんどは貧困を恥じ、自分の生活に不足があるのは自分のせいだという、西側文化のイデオロギーを内面化している。一方、裕福な人たちは、世界の大部分の人たちの屈辱と恥辱に無関心である。自分たちが軽蔑されているという思いや、無力であるという思いは、不利な立場に常に置かれていると感じている人に、「原理主義的な憎しみを宣教する者」の影響を受けさせ、テロリストに心を向けさせる。

価値や意義の追求

人間は、自分の存在に「意味」があるという感情を必要としている。その感情は、常に人生についてまわり、人生に意味や内容を与える。もし人が幼少期に愛情深く受け入れられ、思いやりのある環境の中で悲しみや苦しみを克服できるなら、世の中に、自分の居場所があることが当たり前という感情が、その人の内面に成長するであろう。そして創造性と、他者との深い結びつきによって、意義深く人生を歩んでいるという確かさが与えられるであろう。しかし、すでに説明したように、私たちの文化がこのような内面の源泉の発展を妨げている。そのために、私たちは、社会が価値あると称賛するもの、つまり成功、地位、所有、名声、権力を、私たちの生活を意義づけるものとして望むようになる。

しかし、もしこの約束が果たされないなら、何が起こるだろうか。財産をめぐる地球規模の争いが激化し、ほんとうにわずかな者しかそれを期待できないことが明らかにされたら、どうなるのだろうか。安定した内面を成長させることができなかった人は、外部からの報酬に依存する。もしこの報酬が手に入らないなら、彼らは、自分は価値のない者、劣っており、虚しい存在だと感じるようになる。そして彼らは、この耐えられない状態の中で、「敵対者を捏造する権力者」、つまり「偉大で魅力的な舞台の演出によって、意味や意義の感情を与えようとするあらゆる権力者」の誘惑に、屈するように仕向けられるであろう。ヒトラーのニュールンベルクの帝国党大会や、ジョージ・W・ブッシュが、イラクの勝利を伝えるために航空母艦上にさっそうと登場したのは、そのような演出の例である。人間は、演出された偉大なものや権力に結びつくことによって、自分の存在が強められると感じるのである。

サッカーのスター選手がテロリストに（ニザル・トラベルシの場合）

ニザル・トラベルシ*20〔一九七〇―。チュニジアで誕生。元サッカー選手〕がドイツに来たのは、十九歳だった。(76) この若いチェニジア人は、きっと夢が達せられると思っただろう。この才能のあるサッカー選手と契約を結んだのは、「デュッセルドルフ・フォルトゥナ〔幸運の女神〕」〔サッカーのチーム名〕だった。彼は故郷を離れてから、オリンピックのドイツ代表に選ばれるまで、このチームに所属した。そして、富と名声を掴むことのできるところまでになった。彼は、未来の妻シモーヌと知り合い、やがて結婚し、一人の娘を得た。しかし、トラベルシは、挫折したのである。ドイツの規律と、厳しいトレーニングには、ついて行けなかった。彼は、ブンデス・リーグでさらに経験を積もうとしたが、降格し続け、最後には三流の上級リーグに落ち着いた。この若者は、次第に攻撃的になった。彼の妻は、彼を「役立たず」と呼び、彼のもとを去り、そして離婚した。彼は、麻薬に手を出すようになった。トラベルシは、ドイツに滞在してから七年後に、初めてサウジアラビアに旅行し、そこで「自分の源泉であるイスラム教」について学んだ。ジハード〔聖戦〕に賛同する共同体の中で、このチェニジア生まれの青年は、ドイツという環境の中では自分本来の力が出せなかったことに、間もなく気づいた。そしてニザル・トラベルシは、再び、自信を得た。彼の新しい友人たちは、挫折の責任は彼にあるのではなく、腐った西側諸国であると判断した。彼は、アフガニスタンで、遂にオサマ・ビン・ラディン〔一九五七－二〇一一。サウジアラビアで誕生〕に出会った。「この人物は父親のように自分に接してくれ、たくさんの重要な助言を与えてくれた」と、彼は後に述べている。二〇〇二年の春、つまり、大きな期待を抱いてドイツに来てから十二年後に、ニザル・トラベルシは、米国陸軍の将校クラブを爆破しようとし、可能な限り多くの兵士たちを巻き込んで死に追いやろうとした。幸いにも、疑わしい者を監視していた捜査官によって、この殺人計画は未遂に終わった。

　同じような成長過程をたどった例を、私たちはモハメド・ボウイエリ[77]〔一九七八－。アムステルダムで誕生〕にも見いだすことができる。彼はオランダの映画監督テオ・ファン・ゴッホを殺害し、さらに二〇〇五年の夏に、ロンドンを襲撃したパキスタン人らの自爆テロにも関わった。[78] これらのテロリストたちは西側で育ち、財産や地位に価値があるという、西側諸国の生活のイメージを持っていた。彼らは、排除と蔑視を特徴とする社会的状況の中で、自分に対して「意義を見いだし承認が得られる」という感覚を持つことができなかった。ニューヨークの世界貿易センターで起きた、テロ事件のリーダーであったモハメド・アタ〔一九六八―二〇〇一。エジプトで誕生〕の場合も同じで、たとえ学問的な成功を修めていても、彼らと同様の白人より低く評価されていると感じていた。彼らは、西側諸国と、その価値観を拒否しつつも、同時に、西側諸国の成功や支配という価値を自分のうちに取り込み、自分自身を卑下し、劣等感を抱いていた。

たとえイスラム国家が、国家として、富や、教育や、軍事力に関して西洋にひけをとらなくても、多くのイスラム教徒は、自分たちは西欧的＝キリスト教的な権力の奴隷だと感じている。というのは彼らが、西欧の価値をすっかり内面化しているからである。「憎しみを宣教する者」は、一方においては、イスラム教の輝かしい過去に目覚めさせ、他方においては、自分たちの衰退の原因が、西洋的な生活形態の浸透に責任があるのだと、この状況を利用する。この方法は極めて効果的である。テロリストは、指導者や、その指導者の憎しみにみずからを結びつけることによって、劣等感を抑えることができるだけでなく、殺人行為を、「聖なる輝かしい行為」と英雄視する誇大妄想によって、劣等感を埋める。イスラム教徒らの劣等感の根は、彼らが憎しみを抱く西側の価値観の内面化にあるので、彼らの戦略は、自殺行為を用意することになる。自発的な服従に伴って表される、内面のもっとも深い屈辱感は、抹殺されなければならない。

それゆえ暗殺者は、自分自身をも殺す用意をするのである。

＊20　ニザル・トラベルシ　ベルギーの警察は、パリの米国大使館、ならびに米軍が使用しているベルギーの空軍基地に対するテロ未遂事件の容疑で、チェニジア国籍のニザル・トラベルシ容疑者を逮捕した。五人の実行犯の一人と言われている。警察はまたトラベルシ容疑者の住居から、軽機関銃と爆薬、爆発物製造の化学マニュアルを押収した。なおグリューンはこの書物で、二〇〇二年初めに逮捕されたと書いているが、日本のマスコミの報道によると二〇〇一年九月十三日となっており、二〇〇一年九月十一日にアメリカ合衆国で発生した同時多発テロとの関連が指摘されている。

〈私たちの文化〉が暴力を必要としている

私が今まで述べてきたことを、もう一度、要約しよう。私たちの文化は、それぞれの人間の「独自で自由な成長」を、非常に困難にさせている。なぜなら私たちの文化は、内面的な体験を低いものとし、財産や地位という外面的なものを、「人間の、人格的な価値を測る基準」へと持ち上げているからである。同時にこの文化の中では、暴力や、優位を得る努力、競争が、人間の「肯定的な特質」として称賛されている。極端な言い方かもしれないが、地位や財産をめぐる競争に勝つ者が、力強く意味ある者として、生き延びることが許される。一方、どのような理由があろうと、何の分け前にもあずかれない者は、重要でない者、価値のない者と見なされる。そして、強い内面を持たず、それゆえ内面が階級的な秩序に依存している人は、屈辱を受けたり社会的に軽視されたりすると、自分への憎しみや自分が無価値だという考えを麻痺させるため、「敵対者」もしくは「自分が一体化できる強い対象」を必要とする。それは、社会に自分を適合させていく過程の中で植えつけられたものだが、いずれにせよ、それがある時、突然、目を覚ます。

これが問題の核心である。つまり、暴力や戦争を求める人、あるいは彼らに同調しようとする人は、「独自の内的な経験」や、「他者への共感」に基づく可能性を、みずから断ち切る。彼らは、自分が一体化できる「英雄」を求める。それが得られない場合は、他者を傷つけたり殺害して、みずからを「英雄」にしなければならない。

もし人間が、自分の内部に、あるいは、外部からの特別な褒賞を得ることで、自分に意味があるという感覚を成長させることができないなら、死や破壊へのあらゆる努力をする「精神病質者」の手下になるだけであろう。私がすでに指摘したように、そのような「指導者」は、子ども時代に、深く傷つくか過小評価された経験がある。そのような経験を示すものとして、ヒトラーの伝記や、ジョージ・W・ブッシュ、あるいはオサマ・ビン・ラディンなどの、子ども時代の逸話をあげることができる[79]。

このような人間は、自分を常に、「偉大な者」、「無敵な者」としてとらえ、「劣等な者」や「滅ぶべき者」とは異なる者としているが、それが問題なのである。それゆえ彼らにとっては、権力を演出することが生きる目標のすべてとなる。その際、彼らの作る大きな妄想は、みずからの内的な空白を埋めるためのものであるにもかかわらず、彼らの側に他者を引き寄せる。コンピューター・ゲームも、傷ついた自己意識を高めるために他者を破壊するという傾向を強め、それに拍車をかける。つまり、ゲームの中で英雄やスーパースターになるために、多くの「敵」を可能な限り倒さなければならない。このような仕方で暴力が英雄的な行為とされ、ほんとうの動機が覆い隠される。さらに付け加えるなら、「殺人による快楽」が、正反対の「生きる気力」や「活気」として解釈されるのである。

人間の内面をおろそかにする私たちの文化は、自己保存のために、またその文化の構成員に意義ある自己像を可能にするため、「敵対者」を必要とする。一つの身近な例として、所有物やライフスタイルによって人間を評価する時代精神をあげることができる。空虚な自己は、「流行に合わない運動靴」をはき「中古の携帯電話」を持っているというだけの理由で、見下すことのできる相手を必要とする。その際、世界の人口の半数以上が、いまだ固定電話さえ持っていないという事実は、問題にされない。

危機的な時代には、暴力行使の可能性が増大する。それは、政治的指導者にとって絶好の機会で、「社会のためにもっとも良いことを行う」という口実で、「自分を苦境におとしいれたと考えられるグループの人々に対して、憎しみや軽蔑を向けても良い」という許可を与える。こうして外国人が差別され、失業者が「怠け者」とののしられ、自分の病気もお年寄りも、「困った社会的問題」とされ、厄介払いさせられる。

このようにして人間は、戦争に加担させられる。そこでは信じるに足りる「敵対者像」と「何が正しいことかを明らかにするイデオロギー」が、確実に作り出される。そして、純粋で崇高な使命を果たすという抽象的な理念に身を献げることによって、「私」という自我の境界が崩れる。つまり人間は、自己より偉大な理念に仕える用意があると表明することで、自分を「偉大」であると感じ、同時に「犠牲心に燃えている」と感じるのである。

権力にとりつかれた指導者や、彼らのイデオロギーに人々を従わせるものは、一般に、「従順であろうとする覚悟」であり、私たちすべての者はその覚悟を持つように教育されている。強い人間に従うとき、私たちは心地よく感じる。それは、単に、私たちに支えや方向性を与えるだけではない。権力や強さに自己を一体化させることで、自分が重要で、意味ある者という感覚を得るためである。このようにして、よりにもよって冷遇された人たち自身が、「自分たちを軽蔑するだけの、しかもその政策が自分の状況をもっとひどくする政治的指導者」を選出するという、矛盾した状況が繰り返されるのである。

私たちに何ができるか

戦争は、避けられる。それは私たちが考える以上に、簡単なことだと思う。なぜなら、私たちの多くが、人間的な結びつきを持つことにあこがれを捨てていないからである。その際に、私たちの内面の深いところから湧いてくる夢が、戦争を避けようとする私たちを助ける。なぜなら、この夢が、私たちに真実をはっきり見分けるように、共感を私たちの行動の基準にするようにと、私たちを勇気づけるからである。ここで大切なことは、人間の中にある善を、信頼し続けることである。

アメリカの先住民は、子どもたちに、「相手のために行なうことは、すべて自分に返ってくる」と教えた。ダライ・ラマは、「私たちが隣人を助けることができないなら、自分自身も助けることができない」と書いている。彼はさらに、次のように主張する。「愛や共感を大事に育てることで、このような生き方が可能になる。他者と苦しみを分け合うために他者の苦しみに立ち入っていく能力は、私たち人類の種の保存のための基盤である」[80]。

もし私たちすべての人間が、互いに結びつき、互いに深く関係していることがわかるなら、私たちは暴力を奮わなくなる。私たちを、「戦争」ではなく「愛」に向かわせるのは、私たちの「共同意識」である。しかし危険なのは、政治的プロパガンダのトリックを用いて、この共同意識を覆い隠してしまうことである。もしジョージ・W・ブッシュが、テロの背景に何があるのかを探ろうとせず、「テロに対する戦争」を主張するなら、彼はほんとうの問題からそれて、ずっと以前の子どもの頃に由来する不安に形を与えることになる。しかし、「世界が直面している最大の問題は、気候の変動であり、テロ以上に深刻な脅威である」と、デヴィッド・キング〔一九三九―。イギリスの科学者〕という英国政府の首席科学顧問が、二〇〇四年一月に書いた文章の中で述べている[81]。

こうして私たちは、ほんとうの現実から遠ざかる。私たちに提示される世界像は、常に新しく操作されたものにすぎない。私たちはそれが、絶えず差し替えられることに慣れ、それをまったく疑うことなく受け入れる。そのようにして、ほんとうは何が起きているか気づかないまま、死に至らせる技術を、つまり世界史上、最強の軍事兵器を、キリスト教的な言説によって正当化してしまう。これは、敵と見なされているテロリストのイスラム原理主義と、ちょうど同じ方法なのである。この二つの原理主義の陣営が、「悪に対する善」の名目で、「不安からの解放」を掲げて戦うのである。

もし私たちが、人間の共感する能力を繋ぎとめることができないなら、そのとき、原理主義者たち――どのような傾向の原理主義であっても――の狂気によってとらえられ、破壊されるであろう。それに対抗するには、私たちの心と、私たちの共感に気づく以外に、選択の余地はない。そのときにだけ私たちは、自分たちが破壊されるかもしれないという根源的な不安を取り除くことができる。

ところで私は、このような内容で講演をした後の質疑応答で、「心を開き、共感を強めるために、いったい何ができますか」と、しばしば質問を受けた。聴衆は、助言、教示、手本を期待していた。そのような質問に、私はいつも次のように答えた。私たちすべての人間の内面にある「他者と共感する心の動き」は、自分の経験を他者と分け合うときに強められる。悲しみや苦しみの感情を真実に受けとめることによって、私たちは自分自身を強めることができ、そして他の人に勇気を与えることができるようになる。

その上で私たちは、「何をすべきか」という問いそのものが、「思考や感情に対する私たちの文化による束縛」であることを、明確にしなければならない。私たちは、すでに人生の早い時期に、「自分で考えること」を学ぶのではなく、「私たちが見つけようと望むものに、私たちを導く規則」を探すように学ばされている。悲劇的なのは、あらかじめ決められた思考パターンを、無自覚に信頼することであり、自分で考えることを停止することである。私たちの時代に、創造的であることが求められることがよくある。しかし、言葉で明確に表現されないまま私たちの内面に存在している「規則」が、自分自身と語り合うことによって生まれる自分や、自分の独創性を信じないようにと指示する。これは、すでに述べた西ニューギニアのエイポス族に関するアイブル・アイベスフェルトの記録映画にも、示されていたことである。教育によって私たちが身につけた思考方法は、子どもが自分から分け与えるとか、子どもが独自に自発的に何かをすると、信じることができない。このように、私たちにとって「自分」は、「私たちの文化によって作り出された自分」にすぎず、そもそもの自分とは異なるのである。

それゆえ、私たちは、「善や誠実さを持っている無私な人たち」と対話する必要があり、そのことによって自分自身を知り、向上させるために自分を開かなければならない。私たちは、決して権力や成功やお金の方向に価値を求めていくのではなく、内面的に平和な心を維持する能力のある人間にならなければならない[82]。それは、他者の存在の前で不安を抱かず、「相手に適合しようとする衝動」から解放された人間になることである。こうしてのみ自分のことを、共感を基礎にした独自な存在として考えられるようになる。そして、私たちは、自分自身を発見することができるようになり、自分を表すための「規則」を求めなくてすむようになるのである。

この関連でさらに、私たち自身に向かう道を止めるものが、私たちの「言語の構造」の中にすでに潜んでいる可能性があることに、注意しなければならない。つまり、抽象的な言語が、感情的な感覚を覆い隠し、その人自身を発見する道を妨害する可能性がある、ということを考えてみなければならない。パスカル・メルシエの『ピアノ調律師』という小説の中で、主人公のパトリスが、不安を受け入れ克服するためにどの言語が一番助けてくれたかと、自問する箇所がある。パトリスは次のように考えた。「不安をもっともよく乗り越えることができたのは、スイス訛りのドイツ語だった。遠く離れた言語*21は、すべてを一目で見渡せるサイズに縮小することによって、あらゆる日常的な語り口を遠ざけ、世界にある脅威を取り除き、冷静で客観的なトーンを残すだけである。しかし、いちばん助けになった言葉は、父親が話しているような短く、簡素で、要領を得た言葉だった[83]」。

どれほど言語が思考を形にはめ込むか、どれほど言葉が経験の世界を排除するかということを明らかにするため、二〇〇五年の夏と秋に行われた、ドイツ連邦議会の選挙期間中に繰り広げられた討論会を取り上げてみたい[*22]。その時、多くのジャーナリスト、政治家、テレビのトークショウや討論の専門家が一堂に会し、多くのことを表明したが、彼らは私たちに向かっては、ほとんど何も語りかけなかった。驚くべきことに討論の参加者たちは、自分の正当性をぐらつかせる心情的な言及に対抗して壁を作り、形式的な言葉を語った。彼らのなめらかな雄弁さは、疑問や、不確かさや、不安は、何もないと言っているかのようだった。そこで問題になっていたのは、社会改革と競争、国家の債務と税制についてであった。このことが、住民の大多数が体験する現実にどういう意味を持つかについて、誰も何も口にしなかった。恐れや不安定さ、失業、社会保障の縮小、業績や競争からくる重圧について話題にする人はいなかった。そのような不確実な状況につきまとう無意味さ、憂鬱さ、攻撃性などの感情に、誰も言及しなかったのである。共感によって呼び起こされるすべてについて、抽象的な言葉や決まり文句が返ってくるだけだった。

アメリカ合衆国の人類学者であり言語学者のエドワード・サピア〔一八八四―一九三九。米国の人類学者、言語学者〕は、言語の役割は、経験を伝えるためではなく、この経験がどうでなければならないかを定めるために用いられることがある、と示唆している。[84] 彼の弟子のベンジャミン・リー・ウォーフ〔一八九七―一九四一。米国の言語学者〕は、言語は、「思考に形を与える鋳型」であると説明した。[85] それゆえ、私たちが思考と名づけているものは、独自の経緯の中で生まれる思考を表現したものでなく、この鋳型を反映したものである。[*23] 私はそこで、「何をすべきか」と質問する人たちに、私たちの中に潜んでいる私たち独自の考えを尊重するように助言したい。「権力や財産、支配によって築かれ、悲しみや苦しみの感情を排除する私たちの文化」は、「固定した思考によって、ありのままの経験を封じ、自分を発見する道を妨害する言語」を作り出す。

ホセ・オルテガ・イ・ガセト〔一八八三―一九五五。スペインの哲学者〕が、「安全性ではなく、危険の感情が人間の本質である」と書くとき、同様のことを指し示している。[86] 私たちが知っているように、安全は、権力と所有の競争に基づくものとなっている。それゆえに、一人の人間が上位にあれば、他の人間は下位にあることになる ―― これこそが私たちの文化において、ほとんどすべての人たちに、絶え間なく悪夢をもたらす原理である。なぜなら、今日はまだ「勝利者」であっても、明日にはもう挫折し、「敗北者」としての汚名を着せられるかも知れないからである。失敗するかもしれないという不安が、私たちには常にある。その不安が、夜の間の夢にも現れ、身体的にも精神的にも病んでしまう ―― そして私たちはその不安によって、憎しみを持つようになる。

なぜなら権力や所有をめぐる競争の中では、他者は常に、恐ろしい敵対者となるからである。彼の成功は、私たちの敗北である。同様に私たちの成功は、彼の破滅を意味する。「私たちの文化は、私たちに破滅する夢を見るように教える」と、ジュール・ヘンリー〔一九〇四—一九六九。米国の人類学者〕は語った。[87]

私たちの中には常に、不足することや傷つくことへの恐れが潜んでいる。しかし、これらの感情は、否定されなければならない。なぜなら、私たちは、私たちの文化の中で認められる者となるために、常に強く、安全であると見せようとするからである。このような仕方で私たちは、キルケゴールが指摘したように、私たちの本質を、「高い評価を得たいという欲求に完全に呪縛された人間」に、すっかり変えてしまった。[88]しかしこの「高い評価を得たい」という欲求は、私たちを偉大にさせ、強力にしてくれる人々に、私たちを依存させるだけである。その最後の結末は、「優位になることと所有を基盤にするものの、不満と欲望と憎悪に満ちた虚構の自己」が、待ち受けているだけである。

私たちの内面にあるこの虚構の自己を克服することが、独自の生き生きとした自分を取り戻し、私たちの人間性の実現化に、私たちを導く。

＊21　遠く離れた言語　『ピアノ調律師』という小説の中では、具体的に、スペイン語が想定されている。
＊22　二〇〇五年のドイツ連邦議会選挙　それ以前のゲルハルト・シュレーダー首相の信任決議案が七月に反対多数で否決されたことを受けて行われた選挙で、九月十八日に投票が行われた。その結果、十一月に、アンゲラ・メルケル党首を首相とする大連立政権が成立した。なお、二〇〇九年の連邦議会選挙で、この大連立は解消されたが、別の連立政権が成立し、メルケル氏を首相とするの第二期政権が始まった。
＊23　エドワード・サピアとベンジャミン・リー・ウォーフ　アメリカの言語学者サピアと、その弟子にあたるウォーフが唱えた説を、「サピア＝ウォーフの仮説」と呼ぶことがある。これは、現実世界ついての私たちの認識、あるいは私たちの思考は、言語によって支配されており、言語が異なれば、認識も異なるという仮説で、「言語相対性仮説」とも呼ばれる。それ以前は、どのような言語によっても世界は正しく、同じように理解されると考えられていた。この仮説についての議論は、現代に至るまで続いている。

推薦図書

講演等の後、どのような図書を推薦するかと質問を受けることがよくあるが、ここでいくつか紹介する。アルノ・グリューン

［アルノ・グリューン氏が推薦している図書は、すべてドイツ語で読めるものである。そのうち、邦訳のあるものは、その翻訳書についての情報を加えた。また原著が英語で出版されているものについては、できる限り調べ、原著を明示するように努力した。なお、ドイツ語で出版された後に、英語その他の言語に翻訳されたものがあるが、それは載せていない。訳者］

Ute Althaus: Ein NS-Offizier war ich nie - Die Tochter forscht nach. Psychosozial: Gießen 2006.

ウテ・アルトハウス『私はナチの将校ではなかった――娘による究明』

Sigrid Chamberlain: Adolf Hitler, die deutsche Mutter und ihr erstes Kind. Psychosozial: Gießen 1997.
ジークリット・チェンバレン『アドルフ・ヒトラー——ドイツ人の母と長男』

Stanley Diamond: Kritik der Zivilisationen. Campus: Frankfurt 1979.
スタンレー・ダイアモンド『文明批判』
原著は英語で出版されている。Civilization in Crisis: Anthropological Perspectives. University Press of Florida 1992.（復刻版）

Ferenczi Sándor: Sprachverwirrungen zwischen den Erwachsenen und dem Kind. In: Bausteine der Psychoanalyse, Bd. 3. Ullstein: Berlin 1984.
フェレンツィ・シャーンドル『良心と子どもの言語的混乱』〔なお、フェレンツィが姓で、シャードルが名である。ハンガリー語 Ferenczi Sándor の表記法に従った。〕

John Kenneth Galbraith: Die Ökonomie des unschuldigen Betrugs. Vom Realitätsverlust

der heutigen Wirtschaft. Siedler: München 2004.
ジョン・ケネス・ガルブレイス『悪意なき欺瞞——誰も語らなかった経済の真相』（佐和隆光訳）ダイアモンド社、二〇〇四年。
原著は英語で出版されている。The Economics of Innocent Fraud. Truth For Our Time. Houghton Mifflin Harcourt

Jerry Mander/Edward Goldsmith（Hrsg.）: Schwarzbuch Globalisierung. Riemann: München 2002.
ジェリー・マンダー、エドワード・ゴールドスミス『黒書・グローバル化』
〔なお、「黒書」とは、民間機関が調査し、欠点や改善点を指摘する報告書のこと。官庁が出す「白書」に対して用いられる〕

Arno Gruen: Der Fremde in uns. Klett-Cotta: Stuttgart 2002.
アルノ・グリューン『私たちのうちにいる他者』
Arno Gruen: Der Kampf um die Demokratie. Der Extremismus, die Gewalt und der Terror. Klett-Cotta: Stuttgart 2002.

アルノ・グリューン『民主主義をめぐるたたかい――急進主義、暴力、テロ』

Henning Mankell: Vor dem Frost. Paul Zsolnay: Wien 2003.
ヘニング・マンケル『凍てつく前に』

Pascal Mercier: Nachtzug nach Lissabon. Carl Hanser: München 2004.
パスカル・メルシエ『リスボンへの夜行列車』（浅井晶子訳）、早川書房、二〇一二年。

Stanley Milgram: Das Milgram-Experiment. Zur Gehorsamkeitsbereitschaft gegenüber Autorität. Rowohlt: Reinbek 1974.
スタンレー・ミルグラム『服従の心理アイヒマン実験』（岸田秀訳）、河出書房新社、一九九五・二〇一〇年／『服従の心理』（山形浩生訳）河出書房新社、二〇一二年／他
原著は英語で出版されている。Obedience to Authority. An Experimental View. Herper Perennial Modern Classics 2009.（復刻版）

Henry Miller: "Vom großen Aufstand (Rimbaud)" . Arche: Zürich 1964.
ヘンリー・ミラー『ランボー論』（ヘンリー・ミラー全集・第12巻所収）、新潮社、一九六七年。最初にフランス語訳が一九五二年に出版された。英語版は次のとおり。Time of the Assassins, a Study of Rimbaud. New Directions. 1962.

Eugene O'Neill: Alle Reichtümer der Welt. Fischer: Frankfurt 1965.
ユージン・オニール『世界のあらゆる財宝』
原著は英語で出版されている。More Stately Mansions: The Unexpurgated Edition. Oxford University Press, USA; Uxg edition. 1988.（復刻版）

Jakob Wassermann: Christian Wahnschaffe. dtv: München 1990.
ヤコブ・ヴァッサーマン『クリスティアン・ヴァーンシャッフェ』

原注：

（1）Miller, H.: Vom großen Aufstand (Rimbaud). Arche: Zürich 1964.
（2）Collier, J.: Indians of the Americas. Mentor: New York 1948.
（3）Mercier, P.: Nachtzug nach Lissabon. Carl Hanser: München 2004.
（4）Krieger, H.: Neue Welt. In: Frei wie die Zäune: Eine Saison in Virginia. Oreos: Waakirchen 2005.
（5）Yeats, W. B.: The second Coming. 以下の書籍から引用：Neue Züricher Zeitung vom 5. August 2005.
（6）Speer und Er. Ein Film von Heinrich Breloer. WDR 2005.
（7）In Treue fest. In: Der Spiegel, 51/1982.
（8）Amery, C.: Hitler als Vorläufer. Auschwitz — der Beginn des 21. Jahrhunderts? Luchterhand: München 1998.
（9）Kleine-Brockhoff, T.: Bushs Rammbock. In: Die Zeit, 30/2005.
（10）Niederberger, W.: Riss in der Gesellschaft. In: Tages-Anzeiger, 2. September 2005.
（11）同上
（12）Amery, C., 1998.［原注8を参照のこと］
（13）Miller, H., 1964.［原注1を参照のこと］
（14）Nach einem Titel von J. K. Galbraith: Die Arroganz der Satten. Scherz: München 1982.
（15）Goldsmith, E.: Entwicklung als Kolonialismus. In: Schwarzbuch Globalisierung. Hrsg. v. J. Mander, E. Goldsmith. Riemann: München 2002.

(16) Kierkegaard, S. : The Concept of Anxiety. Princeton University Press: Princeton 1980; Kierkegaard, S. : The Sickness unto Death. Princeton University Press: Princeton 1980.

(17) Mercier, P., 2004 ［原注3を参照のこと］

(18) 以下の書籍から引用 : Leacock, E. B.: Myths of Male Dominance. Monthly Review Press: New York 1981.

(19) 同上

(20) Eibl-Eibesfeldt, I., Schiefenhövel, W. u. a.（Hg.）: Eibl-Eibesfeldt und sein Schlüssel zur Verhaltensforschung. Realis: München 1970.

(21) Ferenczi, S. : Sprachverwirrungen zwischen dem Erwachsenen und dem Kind. In: Ders. : Bausteine zur Psychoanalyse. Band 3. Ullstein: Berlin 1984.

(22) Freud, A.: Das Ich und die Abwehrmechanismen. In: Die Schriften der Anna Freud. Band I. Fischer: Frankfurt a. M. 1987.

(23) Chamberlain, S. : Adolf Hitler, die deutsche Mutter und ihr erstes Kind, Psychosozial: Gießen 1997; Kohout, P.: Tanz und Liebesstunde. Knaus; München 1989; Malaparte, C.: Kaputt. Zsolnay; Wien 2005.

(24) 以下の書籍から引用：Unicef: Kinder kämpfen an vielen Fronten 12/02.

(25) Grossman, D.: On Killing: Psychological Cost of Learning to Kill in War and Society. Little, Brown & Co.: New York 1995.

(26) 同上

(27) Herman, J. L. : Die Narben der Gewalt. Kindler: München 1993.

(28) Mantell, D. M. : Familie und Aggression. Fischer: Frankfurt a. M. 1972.
(29) Leacock, E. B., 1981; Diamond, 5.: Kritik der Zivilisationen. Campus: Frankfurt 1976; Weltfish, G.: The Lost Universe. Basic Books: New York 1965.
(30) Gruen, A. : The Role of Empathy and Mother-Child Attachment in Human History and in the Development of Consciousness: The Neanderthal's Gestation. In: Janus, L.: Jahrbuch für Psychohistorische Forschung. Band 6. Mattes: Heidelberg 2005/2006 .
(31) Young, J. Z. : An Introduction to the Study of Man. Oxford University Press: Clarendon 1971.
(32) Schneirla, T. C. : Problems in the Biopsychology of Social Organisations. In: Journal of Abnormal Social Psychology, 41, 1946.
(33) Crawford, M. P. : The Cooperative Solving of Problems by Young Chimpanzees. In: Comparative Psychological Monography, 13, 1937.
(34) MacLean, P. D. : The Brain in Relation to Empathy and Medical Education. In: Journal of Nervous and Mental Disease, 144, 1967.
(35) Gibbons, A. : Human's Head Start: New Views of Brain Evolution. In: Science, 296/2002 .
(36) Berlyne, D. E. : Curiosity and Exploration. In: Science, 153, 1966.
(37) Holz, R. L.: Neglect Harms Infants. In: Los Angeles Times vom 28. Oktober 1997 .
(38) Roshani, A. : Ich wette, dass du keinen Menschen umbringen kannst. In: Süddeutsche Zeitung, Magazin, 18. August 2000.

（39）Informationsdienst Wissenschaft. Pressemitteilung vom 22. 6. 2005 über eine Studie der Universität Leipzig
（40）Welch, M. : Secretin: Hypothalamic Distribution and Hypothesized Neuroregulatory Role in Autism. In: Cellular and Molecular Neurobiology, 24, 2004.
（41）Welch, M. : Behavioral Anatomy and Intensive Maternal Nurturing in Childhood Disorders. In: Society of Neuroscience Press Book, 34th Annual Meeting, 2004.
（42）Cox, M. »I Took a Life because I Needed one«: Psychotherapeutic Possibilities with the Schizophrenic Offender-Patient. In: Psychotherapy and Psychosomatics, 37, 1982.
（43）Ascherson, N. : The »Bildung« of Barbie. In: The New York Review of Books, 24. November 1983.
（44）Kütemeyer, W. : Die Krankheit Europas. Suhrkamp: Frankfurt 1982.
（45）Ribble, M. : The Rights of Infants. Columbia University Press: New York 1943.
（46）Dolto, F. : Über das Begehren. Die Anfänge der menschlichen Kommunikation. Klett-Cotta: Stuttgart 1988.
（47）Ribble, M., 1943. ［原注45を参照のこと］
（48）COX, M., 1982. ［原注42を参照のこと］
（49）Mankell, H.: Vor dem Frost. Paul Zsolnay: Wien 2003.
（50）O'Neill, E. : Alle Reichtümer der Welt. Fischer: Frankfurt a.M. 1965.
（51）Ferenczi, S., 1984. ［原注24を参照のこと］
（52）以下の書籍から引用： Schaffner, B. : Fatherland: A Study of Authoritarism in the German Family. Columbia University Press: New York 1948.

（53）Todorov, A. u. a. : Inferences of Competence from Faces Predict Election Outcomes. In: Science, Vol. 308, 10. Juni 2005.
（54）Danner, M. : The Secret Way to War. In: The New York Review of Books, 9. Juni 2005.
（55）Cziesche, D. u.a. : NPD statt LSD. In: Der Spiegel 21/2005.
（56）Grafton, A. : The Ways of Genius. In: The New York Review of Books vom 2. Dezember 2004.
（57）Goeudevert, D. : Wie ein Vogel im Aquarium. Rowohlt: Berlin 1996.
（58）Krebs, A. : Tendenzen und Gestalten der NSDAP. Deutsche Verlags-Anstalt: Stuttgart 1959.
（59）Reemtsma, J. P. : Im Keller. Hamburger Editions: Hamburg 1997.
（60）Soyinka, W. : The Man Died. Harper: New York 1972.
（61）Ricard, M. : Functional Understanding of Fear and Anxiety and the Buddhist View. Dalai Lama Symposium an der Universität Zürich 2005.
（62）Rourke, M. : Ich habe einen Traum. In: Die Zeit, 33/2005.
（63）Wiborg, S. : Claras Untergang. In: Die Zeit, 17/2005.
（64）Manvell, R., Fraenkel, H.: The Incomparable Crime. Mass Extermination in the 2th Century: the Legacy of Guilt. Heinemann: London 1967.
（65）Schenck, E. von: Europa vor der deutschen Frage. Briefe eines Schweizers nach Deutschland. Francke: Bern 1946.
（66）New York Times vom 7. Februar 1968.

（67）Rheingold, J. C. : The Fear of Being a Woman. Grune & Stratton: New York 1964.
（68）Mercier, P., 2004.［原注3を参照のこと］
（69）Wassermann, J. : Christian Wahnschaffe (1919). dtv: München 1990.
（70）Weltfish, G., 1965.［原注29を参照のこと］
（71）Hofmann, G. : Starke Hand gesucht. Eine Studie der Friedrich-Ebert-Stiftung. In: Die Zeit vom 20. Dezember 2002.
（72）Informationsdienst Wissenschaft. Pressemitteilung vom 13.7.2005 über eine Studie der Universität Leipzig.
（73）以下の書籍から引用：Bittner, J.: Vertrauter Feind. In: Die Zeit, 31/2005.
（74）以下の書籍から引用：Diamond, S. 1976.［原注29を参照のこと］
（75）Pamuk, O.: The Anger of the Damned. In: The New York Review of Books, 15. November 2001.
（76）以下の書籍から引用：Bittner, J., 2005.［原注73を参照のこと］
（77）Polke-Majewski, K. : Im Schockzustand. In: Die Zeit, 30/2005.
（78）Roy, O. : Wiedergeboren, um zu töten. In: Die Zeit, 30/2005.
（79）Gruen, A. : Der Kampf um die Demokratie. Klett-Cotta: Stuttgart 2002.
（80）Dalai Lama: Ratschläge des Herzens. Diogenes: Zürich 2003; Dalai Lama: Ancient Wisdom, Modern World. Time Warner: London 1999.
（81）以下の書籍から引用：Raban, J.: September 11: The View of the West. In: The New York Review of Books vom 22. September 2005.

(82) Ricard, M.: Der Mönch und der Philosoph. Kiepenheuer: Köln 2003.
(83) Mercier, P.: Der Klavierstimmer. Albrecht Knaus: München 1998.
(84) Hoijer, H. : The Sapir-Whorf Hypothesis. In: Hoijer, H.（Hrsg.）: Language and Culture. Publikation der American Anthropological Association, Band 56, 1954.
(85) Holden, C.: Life without Numbers in the Amazon. In: Science, 305/2004.
(86) Ortega y Gasset, J.: Um einen Goethe von innen bittend. In: Buch des Betrachters, Band II. Deutsche Verlags-Anstalt: Stuttgart 1934.
(87) Henry, J.: Culture against Man. Holt: New York 1963.
(88) 以下の書籍から引用：Lowrie, W.（Hrsg.）: Concluding Unscientific Postscript to the Philosophical Fragment. Princeton University Press: Princeton 1941.

解　題

＊原著について

ここに翻訳したのは、精神分析医アルノ・グリューンが二〇〇六年に書いた『私は戦争のない世界を望む』(Ich will eine Welt ohne Kriege) である。二〇一〇年に第三刷が発行されているが、内容はまったく同じである。著者はドイツのベルリン生まれのユダヤ人だが、現在は、スイスのチューリヒに居住している。この書物は、ドイツ語で書かれており、ドイツ語圏で、反戦、反核、脱原発、自然保護、反グローバル化等を求める人たちに大きな影響を与えている。

＊本書の背景

この書物の内容は、二〇〇一年九月十一日に米国のニューヨーク、その他で起きた同時多発テロ以後の世界状況を踏まえている。この書物の中に、第四三代米大統領G・W・ブッシュ（任期＝二〇〇一年一月から二〇〇九年一月まで）について述べられているが、グリューンのこの書物が出版された時は、ブッシュ大統領の在任中だった。グリューンは、まさに、現代の問題を扱っている。しかしそれだけではなく、二十一世紀を迎えて地球は狭くなりつつあるのに、ますます拡大しつつある戦争の脅威を、西欧の近代以降の「文化（カルチャー）」の問題としてとらえ、私たちの未来を問うものとなっている。

グリューンは二〇〇〇年に『私たちのうちの他者』を出版し、その本によって、二〇〇一年にミュンヘンで、ショル兄妹白バラ平和賞を受賞した。また二〇〇二年に、『民主主義をめぐるたたかい――急進主義、暴力、テロ』を出版した。この二冊をもとに、同時多発テロ以降の時代状況に合わせ「戦争」や「自爆テロ」の問題に焦点を絞って書かれたのが、『私は戦争のない世界を望む』である。特に前者の『私たちのうちの他者』は、心理学的な説明に重点が置かれ、『私は戦争のない世界を望む』の「前編」のような役割を果たしているが、その内容の重要な点は今回の書物でも繰り返されており、独立したものとして読むことができる。

＊著者アルノ・グリューンについて

著者アルノ・グリューンは、一九二三年にユダヤ人の両親のもとに生まれ、一九三六年にポーランドとデンマークを経由して米国に移住した。グリューンは、少年時代を、独裁者アドルフ・ヒトラーが権力を拡大しつつあるドイツの首都ベルリンで過ごしたことになる。

当時、反ユダヤ主義を掲げる国家社会主義ドイツ労働者党（ナチス党）の党首であったヒトラーは、一九三三年一月三十日に、ドイツ国大統領パウル・フォン・ヒンデンブルクからドイツ国首相に任命された。この直後から、ドイツではユダヤ人ならびにユダヤ系ドイツ人が激しい迫害にさらされた。

グリューン一家がドイツを離れてから、ユダヤ人に対する迫害はさらにエスカレートし、たとえば一九三八年十一月九日夜から十日未明にかけて、後に「水晶の夜」と呼ばれる大暴動が起き、ドイツ各地のユダヤ人の住宅、商店、ユダヤ教の会堂（シナゴーグ）などが襲撃され、放火された。一九三九年九月一日に、ドイツ軍はポーランドへ侵攻し第二次世界大戦が始まった。やがてユダヤ人に対する差別と迫害は、ドイツ国内外の強制収容所でのホロコースト（大虐殺）によって頂点に至る。

グリューンは家族とともにいち早く、ドイツを去ったが、少年時代にさまざまな差別や迫害を経験している。たとえば、次のようなエピソードがある。

当時のドイツの学校には、宗教の時間があり、生徒はカトリックと、プロテスタントのどちらかの授業を受けることができたが、少年アルノ・グリューンは、授業への出席を拒まれた。仕方なく家に帰ると、父親は、「ドイツ人とフランス人が違うように、ユダヤ教徒とキリスト教徒と無神論者を区別すべきだ」と語った。それに対してアルノ少年は、「みんな人間だと思う」と言い返したそうである。

また、アメリカに移住する際に、『百科事典』と、ウクライナ出身のユダヤ人詩人のハイム・ナフマン・ビアリク〔一八七三－一九三四〕の『詩集』と、『聖書』の三冊を手放さなかったそうである。当時のグリューンの関心を知る上で、興味深い。

その後、一九六一年に、テオドール・ライクのもとで精神分析医としての学位を取得し、ラトガース大学で教授として勤務すると同時に、精神分析医として活動を続け、一九七九年にスイスのチューリヒに移住、精神療法の診療所を開設した。またそれ以後、ドイツ語での著作活動を続けている。

＊本書の主な内容

戦争は、「人間」が起こすのだとグリューンは強調する。ということは、「人間」によって戦争を阻止できるということでもある。戦争を避けるには、私たちが暴力を克服しなければならない。「戦争のない世界」とは、人間の生命が守られ、「共感」によって人と人とが結びつく世界である。そこには、幼児虐待、家庭内暴力や校内暴力、性暴力などのあらゆる暴力はもはや存在せず、凶悪な犯罪も起こることがない。そこはまた、自然と人間が共存する世界でもある。

グリューンは、戦争は「戦争を遂行する政治家」と「その政策を支持する国民」の「相互的な作用」によって起こると説明している。グリューンは、それゆえ「何が、政治家に何千もの人を死に追いやらせるのか」と問うと同時に、「何が、自分こそ自由で民主的だと思っている一般市民を、残忍な野心家にすぎない政治家に従わせるのか」と問う必要があると指摘している。そして、一般市民を権力にとりつかれた指導者や、彼らのイデオロギーに従わせるのは、「従順であろうとする覚悟であり、私たちすべての者はその覚悟を持つように教育されている。強い人間に従うとき、私たちは心地よく感じる。……このようにして、よりにもよって冷遇された人たち自身が、自分たちを軽蔑するだけの、しかもその政策が自分の状況をもっとひどくする政治的指導者を選出するという、矛盾した状況を繰り返す」と指摘している。

グリューンは、このような視点から、「権力」や「強さ」を手に入れたいという誘惑がどこから生じるのかを追及している。私たちは人間は誰でも、「苦しみ」や「悲しみ」を経験する。グリューンは、その場合に、「苦しみ」や「悲しみ」をもたらす現実をありのままに受け入れること、そしてそのような現実に自分はもはや耐えられないと認めることこそが、人間の真の強さであると述べている。人間の強さとは、自分自身の弱さを弱さとして認め、自分にできないことは「できない！」と言い、助けを必要とする場合には「助けて！」と言うことである。それは、その思いに「共感」し、信頼できる支えがあるときにのみ可能になる。私たちは、相手の思いに共感し、相手の苦しみや悲しみを自分のこととして理解するようになれば、真実を偽ることなく、苦しみや悲しみをもたらす現実をありのままに受け入れ、暴力的な行為をお互いに克服し合うことができる。

ところが私たちは、「苦しみ」や「悲しみ」をもたらす現実に「耐えなければならない」と思い込み、その現実をなかったことにして、見せかけの偽りの強さを身に着けようとする。その場合に、悲劇的なことは、偽りの強さを身につけた自己が、弱いと見なすほんとうの自分自身を否定し、そのような自分を消し去ることである。その際に生じる怒りは、いずれ他者に向けられ、暴力行為や戦争へとつながる……。グリューンは、さまざまな例をあげながら、わかりやすく説明している。

この書物で扱われている内容は、心理学、社会学、政治学、文化人類学、宗教学、教育学、哲学、言語学……と多岐にわたるが、コンパクトにわかりやすくまとめられており、平和を希求する私たちに大きな示唆を与える。またこの書物は、平和を実現するために、さまざまな分野の人たちに対話を呼びかける内容となっている。

＊共感について

グリューンは、最近の著書『〈生〉の疎外 —— なぜ私たちは〈共感〉を再学習しなければならないか』（二〇一三年）の中で、「共感」についてさらに詳細に論じている。グリューンは、その本の中で、「共感なしに、民主主義はあり得ない」と強調している。グリューンは、「愛」と「思いやり（共感）」を、人間の存在を成り立たせるための二つの重要な柱としているが、現代人にとって問題なのは、相手に対する「思いやり」のない自己愛であり、自分とは立場や状況の異なる人たちに対する「共感」のない政治的行動である。

グリューンは「共感すること」をなぜ、「再」学習しなければならないと主張するのだろうか。それは、私たちが、生まれてから一、二年のうちに、「共感する力」を失ってしまうからである。乳幼児は、自分を成長させるものは「愛」ではなく、「争い」と「競争」であると学ばされることによって、「共感」する力を失う。

グリューンは、十七世紀のイギリスの詩人エドワード・ヤングの言葉を借りて、「私たちは、オリジナルとして誕生するのに、なぜ、コピーとして生涯を終えるのか」と訴える。私たちは、成長とともに、社会のさまざまな枠組や権力に隷属することを学ぶようになる。

グリューンによれば、「人生」は「食うか食われるかの闘争」であるという考えは、人間が作りあげた偏見にほかならない。しかし争いや競争によって成り立っている私たちの社会は、その考えを肯定し、私たちは子どもに、競争に勝つことの大切さと、そのための方法を教え込む。

人間の文明は、実際は、人間の協力関係によって成立したものであり、共感しつつ平等な協力関係を築くときに、私たちは、孤立することなく、またストレスを感じることなく、平和な日々を歩むことができる。しかし誤った考えによって成り立つ競争社会の中で、ますます孤立し、日常的に競争し合い、常にストレスにさらされているのが、私たちの現状である。

グリューンは、この「隷属化」や「孤立化」からまぬがれ、「共感すること」を再学習し、他者と協力しながら生きるために、「反抗すること」と「創造すること」を勧める。

私たちは、日常生活の中で、争いや競争を私たちに強いるさまざまな力に「反抗」することなしに、自分を取り戻し、他者と「共感」することはできない。

しかし権力者に「反抗」さえすればいいということではない。争いや競争を強いる力に屈することなく、自分を取り戻し、他者と「共感」しながら生きるために、「創造力」が必要である。

この社会のさまざまな権力者が、私たちに用意している「道」の上を隷属的に走ることをやめ、孤立することなく、協力し合って歩むために、私たちは「共感する力」と「創造する力」を働かせなければならない。

＊グリューンの文体、および翻訳について

グリューンの文章には、グリューン自身も別の書物で認めているように、米国からの外来語、米語的な表現が多数、存在する。日本は文化的にかなり米国の影響を受けているので、英語をそのままカタカナにして翻訳しようかと迷った箇所もいくつかあったが、日本語への翻訳書であることを考慮して、なるべく適切な日本語に当てはめようと試みた。

翻訳については、多くの方たちに読んでいただけるように、わかりやすい翻訳にしようと心がけた。それでも誤訳や、読みにくい箇所があるかもしれない。もしお気づきの点があれば、ご教示いただければさいわいである。

訳者あとがき

私がグリューンの書物に初めてふれたのは、一九九八年から三年間にわたってドイツのケルン市に滞在した時のことだった。中心街にある大きな書店の心理学のコーナーに、グリューンの何種類かの書物が積み上げられていた。そのうちの何冊かを買い求め、発刊されたばかりの『私たちのうちの他者』その他を読んだ。その後、帰国してから、インターネットで『私は戦争のない世界を望む』という書物が刊行されたのを知り、すぐに購入した。

この小さな書物を日本語に翻訳しようと考えたのには、いくつかの理由がある。二〇一一年三月十一日の東日本大震災以降、私たちは、このまま近代主義的な経済優先の路線を歩み続けてよいのかという問いを突きつけられている。そのような私たちに、この書物は大きな示唆を与えてくれる。原発の事故が起こらないようにするためには、原発をすべて廃止する以外にない。

脱原発が可能かどうかは、グリューンの言うように、「男らしさ、強さ、財産、競争などの文化的価値観」から私たちが脱却できるか、「優位に立つこと」を追い求めて「競争」したり、「敵対」することを当たり前と見なす社会構造を克服できるかにかかっている。

また、日本を含む東アジアの平和、沖縄の米軍や自衛隊の軍事基地の問題について考える場合に、この書物は大きな示唆を与えてくれる。「暴力」を行使しても決して平和は訪れない。「平和」をもたらすために重要なのは、「共感」し合うことによって人と人の結びつきを強めることである。東アジアを「競争」の場とせず、いかに「共生」の場としていくかが私たちに問われている。

また米海兵隊の垂直離着陸輸送機MV22オスプレイが、二〇一二年十月一日に、沖縄の普天間飛行場に配備されたが、それもこの書物の翻訳を促すきっかけとなった。私は普天間飛行場のフェンスのすぐ近くで暮らしているが、沖縄から反対の声をいくらあげても、その声は、どこにも届かない。日本の人口の一パーセントにすぎない沖縄の声は、まさに日本という「民主主義国家」において、常に少数意見として退けられてしまう。沖縄で軍事基地の縮小、撤廃を求めている人たちは、沖縄以外の他都道府県の人たちがどうして沖縄の苦しみを共有してくれないのだろうかと嘆いている。「苦しみ」を「共有」できるかどうかは、個人の意志によってのみ決まるのではない。日本人の「生き方」や、日本の「文化」そのものが問われている。民主主義の時代においても、今なお差別構造の中に生きる日本人は、暴力的手段に訴えることをなるべく控え、表面的な整合性や、外面的な美しさのみを追い求め、苦しみや怒りなどの感情を表面に出すことを極力、押さえようとするが、心の奥底には不安や怒りが充満している。その不安や怒りが、国内においては少数者への暴力に、国外においては戦争へと向かう。この書物が日本社会や、日本文化に内在する問題点を明らかにする一助となればさいわいである。

この翻訳書の出版に当たり、お世話になった人たちに、心から感謝したい。共訳者の松田眞理子氏とは、この書物の内容や、翻訳文をめぐり、何度も議論を重ねた。また乳・幼児の子どもの成長について多くのことを学ばされた。さらに完成前の翻訳文を読んで意見を表明してくださった「ぎのわん日曜集会」のメンバー、沖縄キリスト教センター主催の「ぎのわん平和ゼミ」の参加者、また共訳者の主宰する音楽教室の読書会に参加された方々に、ここでは名前は記さないが、心からの感謝を表明したい。株式会社ヨベルの安田正人氏には、同社での出版が決まった二〇一三年の八月から翻訳書の完成に至るまで、ていねいな作業をしていただいた。心からの感謝をささげたい。

村椿嘉信

今の社会に問題を感じ、いい未来を作り出したいと願うすべての人たちに、この本を読んでいただきたいと願っています。

この本の著者のグリューンは、アメリカやドイツの例を用いて説明しているので、日本にいる私たちとは事情が異なると思われるかも知れません。しかし、決してそうではありません。

私は、クラシック音楽を学びながら、日本人の演奏がなぜ個性が弱いと言われるのか、その原因がどこにあるのかをずっと追求してきました。その結果、学校教育のあり方はもちろんですが、それ以前の乳幼児期の育児の中でも、子どもが、個性を奪われ、その子自身の生を生きていないことに気づかされました。大人が、子どもに音楽を教えようとする場合、知らず知らずのうちに大人の考えや感情を子どもに押しつけ、子どもの自然な感性を抑圧していることが多くあります。グリューンが言うように、子ども自身の感性に大人が「共感」し、子どもと大人がいっしょになって音楽に創造的に関わることができれば、子どもは個性を奪われることなく成長します。

音楽が平和に役立つとしたら、喜びも悲しみも人間のありのままの真実を受け入れ、それを土台に表現した音楽が、「共感」をもたらすからだと言えます。他者を抑圧する音楽は、むしろ戦争を引き起こす原因となります。しかし実際には、そのような音楽が満ちあふれ、音楽教育の場にも「競争原理」が持ち込まれています。

これは一つの例にすぎず、この本を読み進めていくうちに、いたるところで、日本もまったく同じ問題を抱えていると気づかされるでしょう。また、大した問題と思っていなかった私たちの心の中の出来事が、実は戦争や犯罪に結びつくものでもあるということに、驚くことでしょう。そしてこの本によって明らかにされる問題に、たち向かっていく勇気が与えられ、解決に向けて取り組んでいけるようになるでしょう。

私はこの本を、特に、子どもの教育に携わっている先生方に、読んでいただきたいと思っています。いじめや体罰の問題など、子どもたちの問題を考える時、目の前にいる子どもの心の中を理解する上で、大きな助けになると思います。グリューンは、「競争」に勝つことや「偉くなる」ことをめざすことが、どれほど大きな問題であるのかを説明し、その心の仕組みが、どのように作られていくのかということを、さまざまな臨床の経験から分析しています。

また、子育て中の方や、子育てで悩んでいらっしゃる方にも、ぜひ読んでいただきたいと思います。グリューンによれば、戦争や暴力行為を防ぐためには、相手の痛みや苦しみに「共感」

することが大切だということです。その「共感」する能力を成長させることができるかどうかは、乳幼児期に、もっとも身近な親や養育者が「共感」するかどうかに、かかっています。

「共感」は、子どもがありのままに受け入れられ、心から理解されることから始まります。「共感」が得られる場合は、それぞれに備わっている人間としての豊かな能力が引き出され、大きく成長し、他者とのいい関係を築いて生きていくことができます。一方、共感が得られない場合は、よい能力が伸ばされず、ゆがめられ失われることすらあり、心が閉じこめられ、孤立し、満たされない思いを持ちつつ、孤独な生き方をします。このようなことを私も日々の活動の中で体験しています。

グリューンは、この書物でさらに、子どもの頃、自分を抑圧して押し殺したり、本来の自分を他者に奪われた人が、他者に対して攻撃的になり、場合によっては他者に傷を負わせたり、死に追いやったり、戦争をする大人になると述べています。しかし自分と向き合い、自分自身がどのような人間であるのかを明らかにすることによって、自分の抱えている問題を克服することができ、また自分の抱えている問題を次の世代に引き渡すことを阻止することができます。

そのために、私たちは、お互いに共感し合い、受け入れ、支え合う必要があり、その大切さをグリューンはこの本の中で指摘しています。

教育に携わる人ばかりでなく、政治に携わっている方々や社会のリーダーである方々にも、また選挙によって政治家を選出する有権者や、さまざまな分野でリーダーに従おうと考えている人にも、ぜひ、読んでいただきたいと願っています。経済を優先し、競争に勝つことに価値があるとする社会のあり方が、戦争や犯罪を生み出します。日本に住むすべての人々のしあわせを願い、世界中のすべての人々のしあわせを願うなら、近代国家の価値観を変える必要があるのだと、グリューンは述べています。

今の日本は、かつて戦争に向かった道と同じような道を、少しずつ歩んでいるように思えます。私は、米軍の普天間飛行場のすぐ近くに住んでいます。国際情勢が不安定になると、近くにある米軍基地がいつも以上に活発に動き出すので、私は、その騒音に胸騒ぎを覚えながら生活しています。沖縄から飛び立つ戦闘機によって、かつての沖縄戦と同じような戦禍が繰り広げられるのかと思うと、人間の残虐性に心が震え、戦闘機を止められない自分の無力さを嘆くばかりです。

しかしグリューンは、たとえ暴力行為が蔓延しても、私たち人間の心には「共感する力」が存在し、それは失われていないと語り、そこに人類に対する大きな希望を見いだしています。

そしてお互いに共感し合うことによって、私たちが戦争のない世界を作り出すことができるのだと、提言しています。この本はきっと、私たち一人ひとりに、「私は戦争のない世界を望む」と声をあげていく勇気を与えてくれると思います。世界中の人が戦争をなくすために立ち上がり、世界中の知恵が結集されるなら、戦争はなくなると思います。

出版のために労してくださった方々、また翻訳をする上で、直接的、間接的に助けていただいた方々に、感謝をこめてお礼を申しあげます。

最後になりましたが、戦争で犠牲になったすべての方々、戦争のために多大な苦しみを負うことになった方々、そしてグリューンと同年に生まれ沖縄戦に日本兵として駆り出され、生き残った今は亡き父、ひめゆり学徒隊の生き残りであった亡き母に、この本を捧げます。

松田眞理子

著者
アルノ・グリューン
1923年、ベルリンでユダヤ人の両親のもとに誕生。
1936年、米国に移住。1961年、テオドール・ライクのもとで精神分析医として学位を取得。その後、ラトガース大学で教授として勤務するとともに精神分析医として活動。
1979年、スイスのチューリヒに移住し、精神療法の診療所を開設し、今日に至る。
2001年、ナチスに抵抗した「白バラ」抵抗運動のショル兄妹を記念した「ショル兄妹平和賞」、
2010年、フィンランドの「ロヴィーサ平和賞」を受賞。

［**主な著書**］
『私たちのうちにいる他者』
『民主主義をめぐるたたかい――急進主義、暴力、テロ』
『人はなぜ憎しみを抱くのか』（上田浩二、渡辺真理訳、集英社新書）
『〈生〉の疎外――なぜ私たちは〈共感〉を再学習しなければならないか』
『愛を知らない――「歪んだ愛」と「憎しみ」の連鎖』（森直作訳、あむすく）
『遠い日の忘れもの』（森直作訳、武田出版）
『「正常さ」という病い』（馬場謙一、正路妙子訳、青土社）

訳者

村椿嘉信

横浜出身。東京神学大学博士課程前期修了。ドイツのヴッパタール大学に留学。日本基督教団沖縄教区宜野湾伝道所牧師、石川教会牧師、ケルン・ボン日本語キリスト教会牧師、沖縄教区総会議長等を務めた後、現在、沖縄宣教研究所平和部門委員、ぎのわん日曜集会代表。宜野湾市在住。

［**著書・翻訳**］『喜びの大地、聖書との対話』（日本基督教団出版局）、D・ボンヘッファー『主のよき力に守られて　ボンヘッファー一日一章』（新教出版社）他。

松田（村椿）眞理子

読谷高校入学、普天間高校卒業。洗足学園大学ピアノ科卒業、同大学専攻科修了。在学中にピアノ科嘱託となる。ドイツのエッセン大学に留学。平和コンサートなどの演奏活動を続けながら、音楽教室を立ち上げ、独自の方法で子どもの教育問題等に取り組む。CD『イン・テラパックス――地には平和を』。

フロイト、アンナ
Freud, Anna 57

ヘンリー、ジュール
Henry, Jules 160

ポーニー（族）
Paawness 130

ボウイェリ、モハメド
Bouyeri, Mohammed 146

〈マ行〉
マンケル、ヘニング
Mankell, Henning 93

マンテル、デイヴィッド・マーク
Mantell, David Mark 62

ミラー、ヘンリー
Miller, Henry 13, 34

ムーラン、ジャン
Moulin, Jean 83-84

メルシエ、パスカル
Mercier, Pascal 15, 46, 130, 157

モレル、デオドール
Morell, Theodor 24

モンターニャ・マスカピス（族）
Montagnais-Maskapis 49-50, 63

〈ラ行〉
ラインゴールド、ジョセフ・C.
Rheingold, Joseph C. 127

リブル、マーガレット
Ribble, Margaret 90

ル・ジューヌ、神父ポール
Le Jeune, Padre Paul 49-50

レームツマ、ヤン・フィリップ
Reemtsma, Jan Philipp 109-110

ローク、ミッキー
Rourke, Mickey 115-116

ローヴ、カール C.
Rove, Karl C. 27-28

〈サ行〉
サピア、エドワード
Sapir, Edward 158

シュペーア、アルベルト
Speer, Albert 23, 30

ショインカ、ウォーレ
Soyinka, Wole 110

ジョンソン、サミュエル
Johnson, Samuel 140

〈タ行〉
ダナー、マーク Danner, Mark 100

ダライ・ラマ Dalai Lama 111, 153

トラベルシー、ニザル
Trabelski, Nizar 145-146

ドルト、フランソワーズ
Dolto, Françoise 90

〈ハ行〉
パウラ Paula 43-45

パムク、オルハン
Pamuk, Orhan 141

バルビー、クラウス
Barbie, Klaus 83

ヒトラー、アドルフ
Hitler, Adolf 22-24, 29-31, 33, 59, 102, 108, 119, 136, 144, 150

ヒムラー、ハインリヒ
Himmler, Heinrich 124-125

ビン・ラディン、オサマ
bin Laden, Osama 146,150

ファン・ゴッホ、テオ
Van Gogh, Theo 146

フェレンツィ・シャーンドル
Ferenczi, Sándor 57, 95-96

フォン・シェンク、エルンスト
Von Schenck, Ernst 126

ブッシュ、ジョージ・H・W(第41代米大統領)
Bush, George Herbert Walker 28-29

ブッシュ、ジョージ・W(第43代米大統領)
Bush, George Walker 25, 28-29, 100, 106, 125, 136, 144, 150, 154

プルースト、マルセル
Proust, Marcel 110

ブレローア、ハインリヒ
Breloer, Heinrich 22

人名索引

〈ア行〉

アイブル＝アイベスフェルト、イレノイス
Eibl-Eibesfeldt, Irenäus 51, 156

アタ、モハメド
Atta, Mohammed 147

アダム Adam 75-76

アメリー、カール
Amery, Carl 24, 29

イェイツ、ウィリアム・バトラー
Yeats, William Butler 20

ヴァッサーマン、ヤコブ
Wassermann, Jakob 130

ウィルソン、ジョセフ・チャールズ
Wilson, Joseph Charles 28

ウォーフ、ベンジャミン・リー
Whorf, Benjamin Lee 159

エイポス（族） Eipos 51, 63, 156

オニール、ユージン・グラッドストーン
O'Neill, Eugene Gladstone 93-94

オルテガ・イ・ガセト、ホセ
Ortega y Gasset, José 159

〈カ行〉

キュテマイアー、ヴィルヘルム
Kütemeyer, Wilhelm 85-86

キルケゴール、セーレン
Kierkegaard, Sören 38, 160

キング、デヴィッド
King, David 154

グドゥヴェール、ダニエル
Gœudevert, Daniel 107-108

クララ・S Clara S. 119-120

クリーガー・ハンス
Krieger, Hans 18

ケリー、ジョン・フォーブス
Kerry, John Forbes 28

ゴウォン、ヤクブ
Gowon, Yakubu 110

ゴールドスミス、エドワード
Goldsmith, Edward 35

事項索引

※ 原則として、原著の「事項索引」と同じ項目をとりあげ、参照ページについても、原著に従って主な箇所のみを示した。しかし読者に利用しやすいように、翻訳の段階で若干の修正を加えた。

事項索引
人名索引

誰にも希望を発見させる本

ネヴィル・タン著
金本美恵子訳

7172

「鉄人」と呼ばれた受刑者が
神さまと出会う物語

評者：廣瀬　薫
（東京基督教大学理事長）

書名「7172」は、著者が凶悪犯を収容するチャンギ刑務所で服役した際の受刑者番号である。人生の道をひたすら堕ちて行った超凶悪犯罪者が、イエス・キリストに出会って救われたというストーリーから、本書にいわゆるセンセーショナルな内容を予想する方もあるかも知れない。しかしそうではない。

主人公である著者の筆致は冷静である。自分という人間を正直に正確に誠実に見ようとしている。だからその視線は、著者個人の特殊な体験を越えて、人間とはどういうものなのか、なぜ良い生き方をしようとしても出来ないのか、そのような人間への真の希望はどこにあるのか、という普遍的な課題に届いている。……

そのため読者は誰であっても、自分の課題に引き寄せて本書を読むことが出来る。そして自分はどういうものなのか、なぜ自分が願う生き方が出来ないのか、そのような自分への真の希望はどこにあるのか、導きの光を見出せるだろう。本書は誰にも真の希望を発見させる本である。例えば私のように、クリスチャンの教育機関に仕える者にも、多くの示唆を与えてくれる本である。……しかし本書で私たちは自分の姿に重なる著者の姿にしばしば出会って共感を覚える。そして著者が真の希望を持ったように、今私たちの世界に必要なのは、本書が示すような希望であると示される。真の希望を求める思いを胸に本書を開く者に、著者の証しは必ず光を見せてくれるだろう。

（『本のひろば』2013年9月号より抜粋）

私は戦争のない世界を望む

2013年11月11日 初版発行

著　者 —— アルノ・グリューン

訳　者 —— 村椿嘉信、松田眞理子

発行者 —— 安田正人

発行所 —— 株式会社ヨベル　YOBEL、Inc.
〒113-0033 東京都文京区本郷4-1-1　菊花ビル5F
TEL03-3818-4851　FAX03-3818-4858
e-mail : info@yobel. co. jp

DTP・印刷 —— 株式会社ヨベル

配給元—日本キリスト教書販売株式会社（日キ販）
〒162 - 0814　東京都新宿区新小川町9 -1
振替 00130-3-60976　Tel 03-3260-5670

ISBN978-4-946565-83-0 C0036